学びやタイムスリップ

近代京都の学校史・美術史

京都市学校歴史博物館 編

京都新聞出版センター

山口華楊「凝視」／1962年、格致小旧蔵［本文126㌻］

【明治・大正の学校と子どもたち】

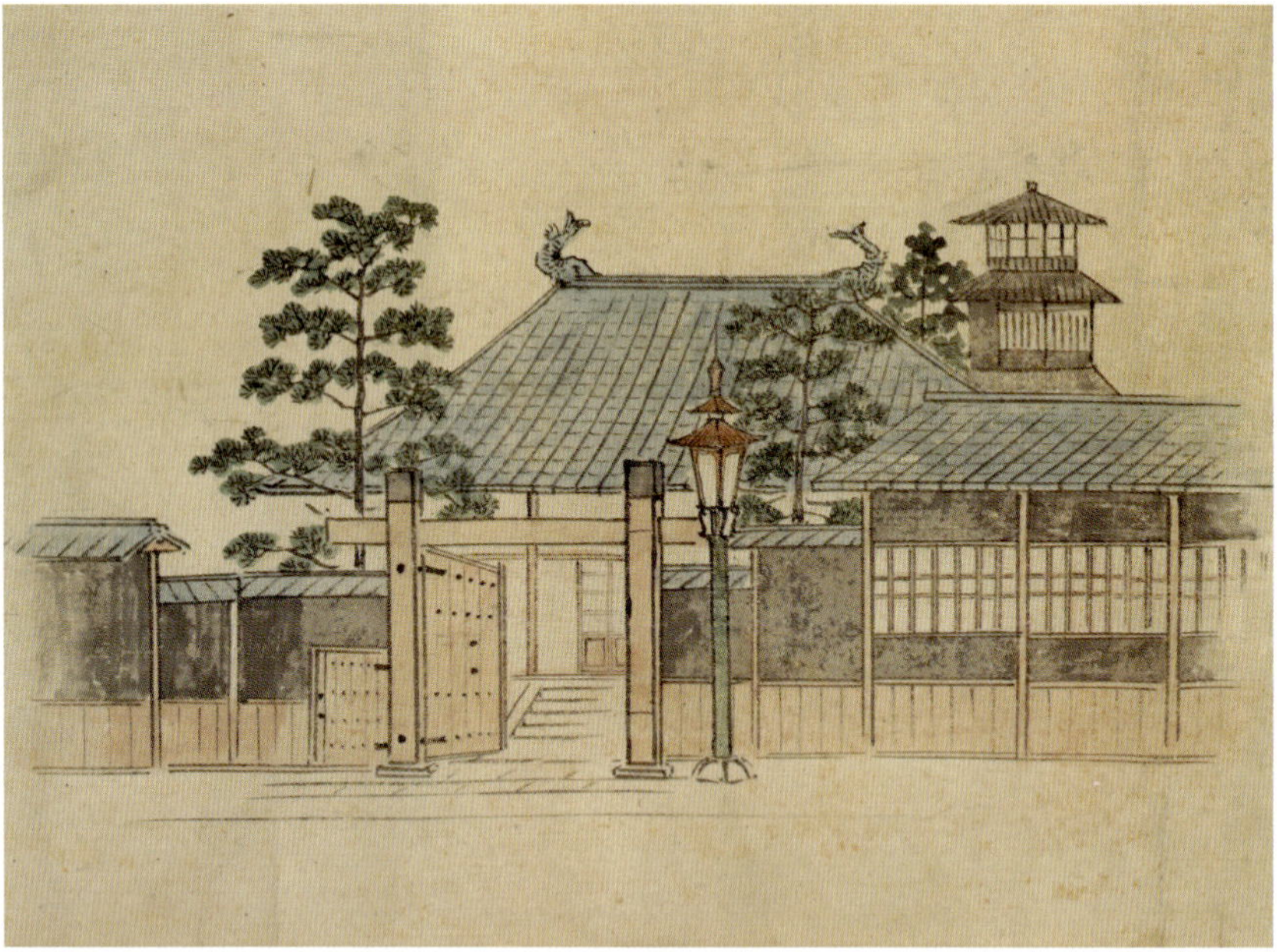

「開智校写生画巻」／明治初期、開智小旧蔵［本文88ページ］

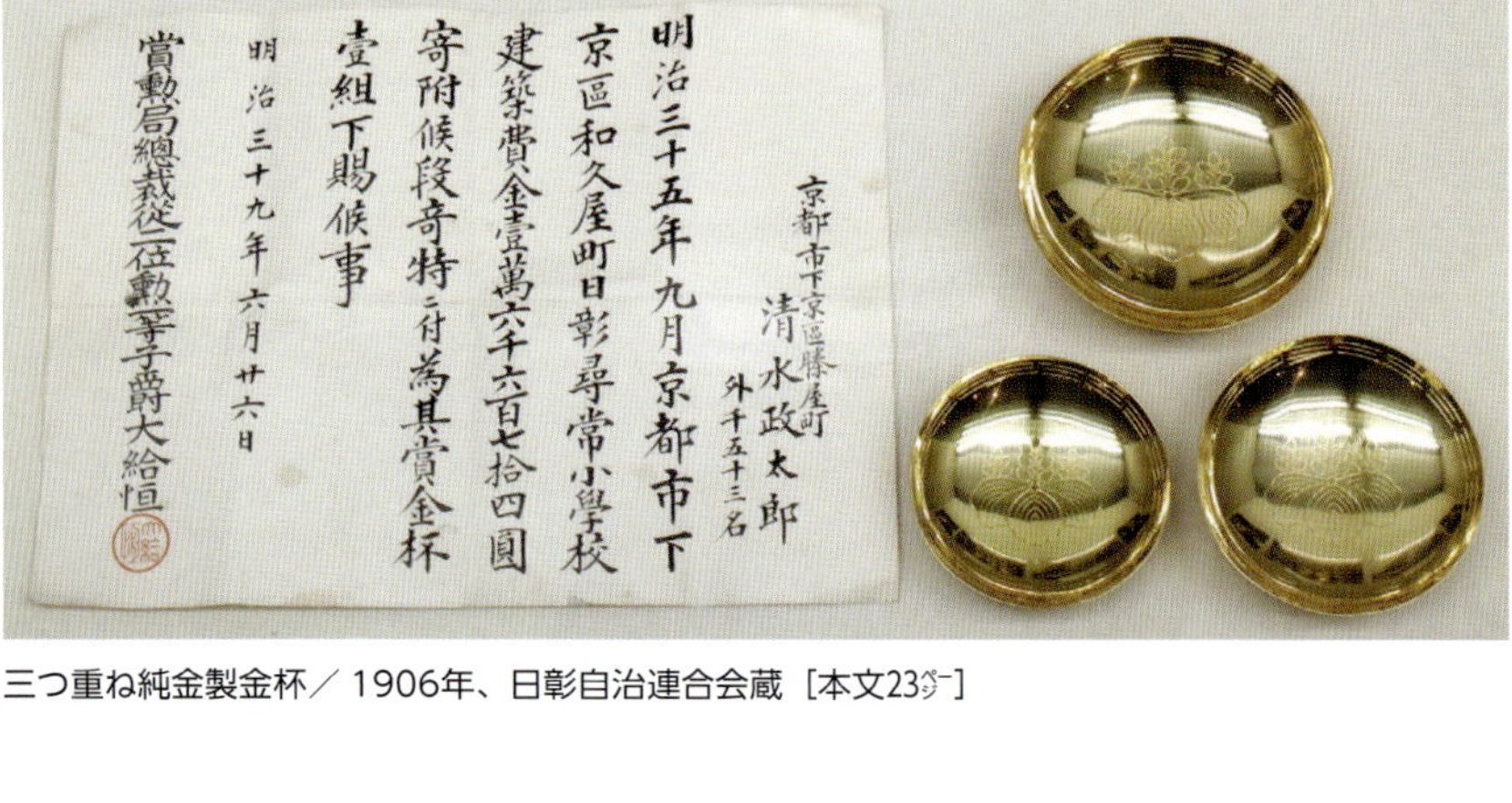

三つ重ね純金製金杯／1906年、日彰自治連合会蔵［本文23ページ］

久保田米僊「園児遊戯図」／1887年ごろ、尚徳中旧蔵［本文112㌻］

理科教室での授業風景／1921年、明倫尋常小［本文37㌻］

【学校のたからもの】

谷口香嶠「公助受父笞図」／明治期、立誠小旧蔵［本文97ページ］

伝横山清暉「唐獅子図杉戸」（部分）／江戸時代後期、日彰小旧蔵［本文138ページ］

西村五雲「油断大敵」／ 1923年、本能小旧蔵［本文93ページ］

中村大三郎「紫式部」／大正～昭和期、成徳中旧蔵［本文116ページ］

【教科書の変遷】

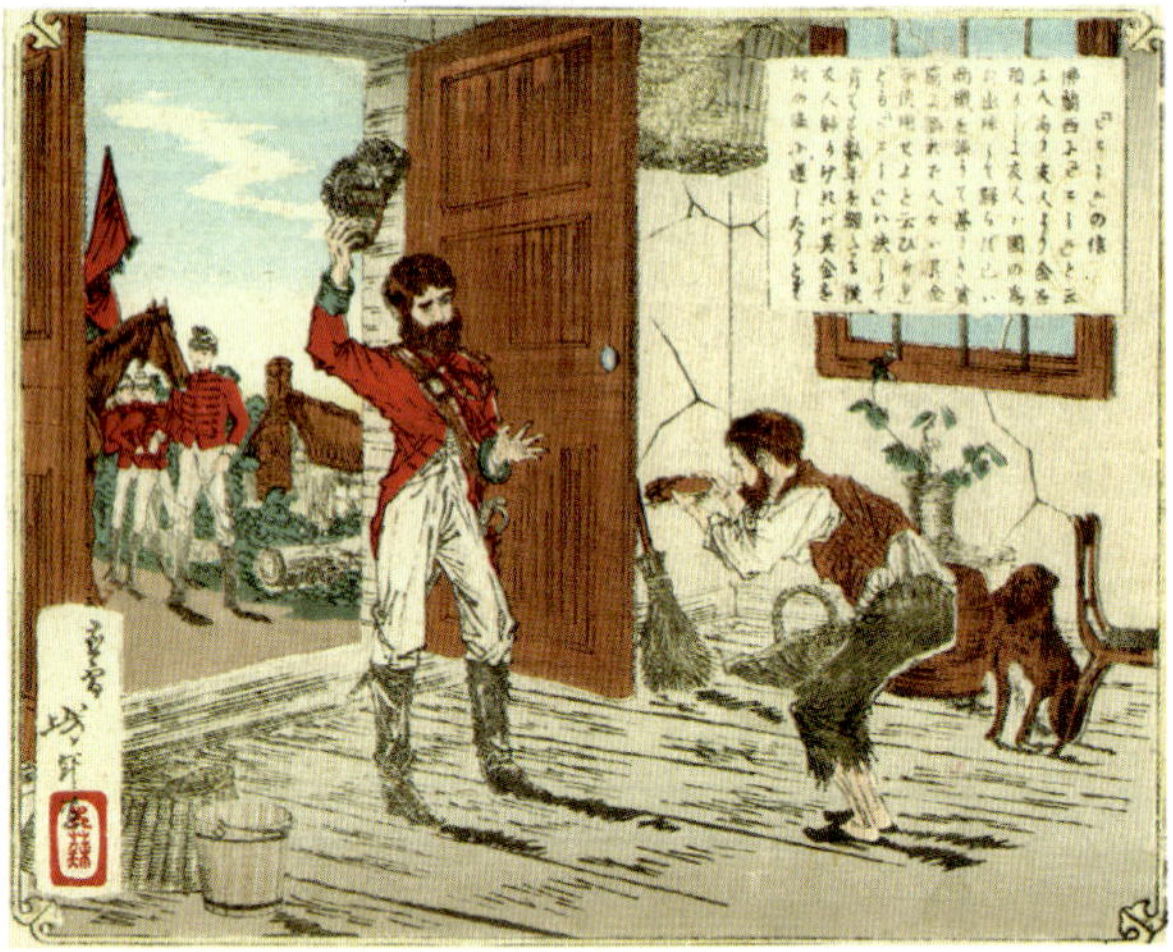

月岡芳年「錦絵修身談（ピエールの信）」／1883年、日彰幼稚園旧蔵［本文109ページ］

教科書に掲載された孝子儀兵衛の挿絵／1939年、文部省編「尋常小学修身書 巻五」［本文145ページ］

文部省編『小学国語読本　巻二　尋常科用』／1933年（右）と
文部省編『ヨミカタ　二』／1941年（左）［本文38ページ］

【あこがれの高女生】

「第二回本科卒業生記念帖」／1912年３月、堀川同窓会蔵［本文63ページ］

「第一回卒業生紀念書画帖　全」／1910年３月、京都精華学園中・高蔵［同上］

運動会でのフォークダンスの様子（１９３８年）［本文67ページ］

【戦争の影響】

絵画「オトウサンノニウヘイ」／1942年［本文45ジペ］

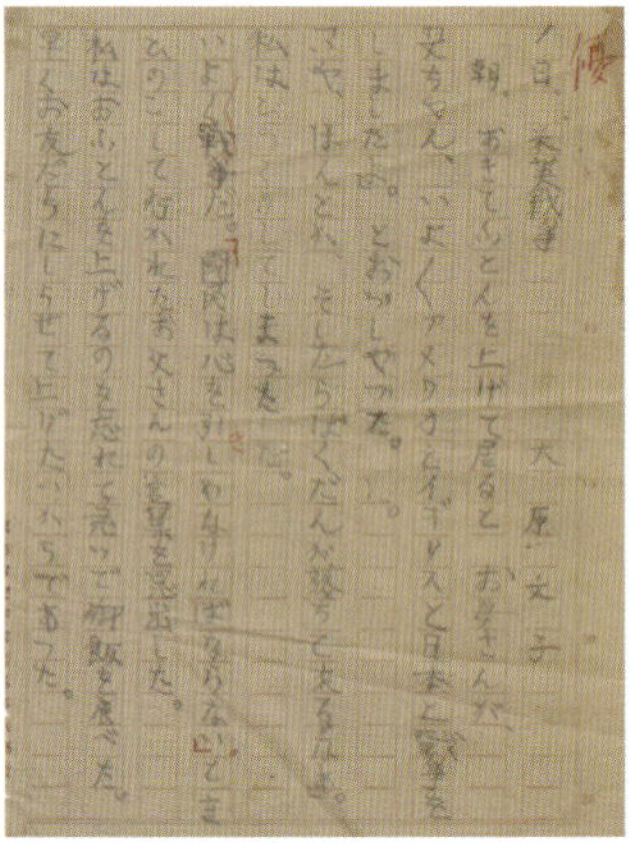
八日　米英戦争　大原文子
朝、おきてふとんを上げて居ると　お母さんが、
父ちゃん、いよくアメリカとイギリスと日本と戦争を
しましたよ。とおっしゃった。
さや、ほんとか、そしたらばくだんが落ちてくるんかしら。
私はどきどきしてしまった。
いよいよ戦争だ。国民は心をあわしやらなければならないと
ひのこして征かれたお父さんの言葉を思い出した。
私はおふとんを上げるのを忘れて急いで朝飯を食べた。
早くお友だちにしらせて上げたいからであった。

作文「米英戦争」（部分）／1941年［同上］

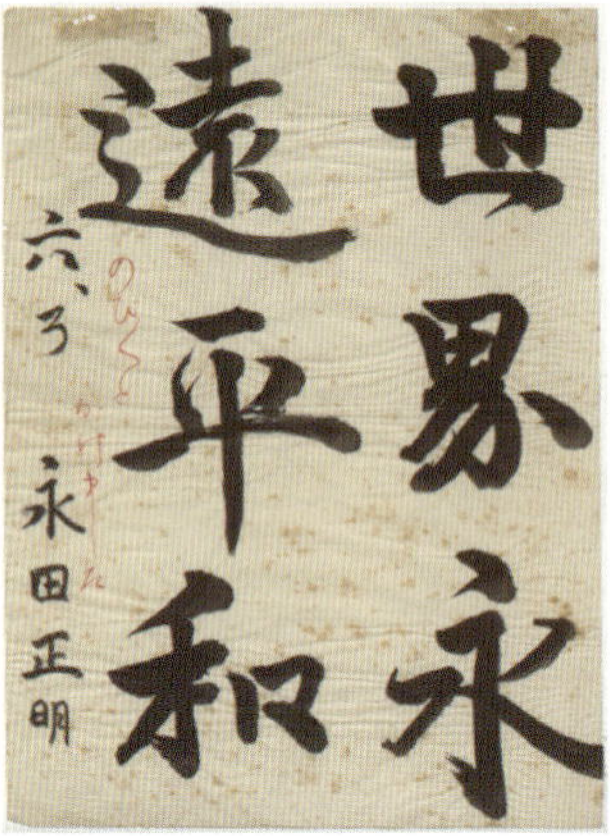

習字「世界永遠平和」／1946年［本文46ジペ］

鉢巻きをして、なぎなたを構える女子児童［本文47ジペ］

はじめに

京都市学校歴史博物館が開館してまもなく20年を迎える。

祖母松園の生家がすぐ近くでもあったという不思議な縁もあり館長を務めて12年になる。

京都は近代教育の魁として全国に知られるが、それを成し遂げた先人の歩み、そして愛着を込めて学校に贈られた芸術家の作品の数々。

京都市学校歴史博物館は資料だけでなく「こころ」をも次代に伝え、地域の方々と共に新しい学校文化の創出を目指すという大きな役割を担っている。まさに「温故知新」そのものである。

幸いにして京都新聞社からの要請を受け、当館の若き学芸員2名が1年半にわたって京都の学校史、学校に贈られた美術品とその時代背景を新聞紙面で紹介する機会を得た。

今、その連載が一冊にまとめられることとなり、改めて読み返すと、近代教育の黎明期からの豊富な資料が、先人の深い情熱を伝えてくれたのではないかと思う。本書が日本の教育と学校文化史に刻む意義も甚だ大きかろうと感じ入っている。

この書物を通じて教育の奔流、人づくりの原点に触れていただければ幸いである。

京都市学校歴史博物館館長　上村淳之

発刊に寄せて――

人づくりにかけた京都の１５０年

京都市長　門川大作

「学問の道というは難字古事を覚ゆる勤めにあらず、ただ人と生れて人たる者の大道の要を求るにあり」。幕末、全ての子どもが学校に通えるよう、寺子屋に代わる新しい制度として、小学校建設を訴えた西谷良圃《りょうほ》の言葉です。彼の描いた新しい時代の学校像は、まさしく「人づくり」のための学校でした。

明治に入り、この理想は我が国初の学区制小学校として結実しました。国が学制を発布する３年前に、京都では市民自らの力で64もの番組小学校を創設したのです。明治２年のことでした。

それから１５０年。「まちづくりは人づくりから」という理念は、変わることなく受け継がれてきました。「地域の子どもは地域で育てる」という伝統が息づく京都。平成16年に国が法制化した学校運営協議会は、京都市立の小学校及び総合支援学校では全校、他の校種を含めても約9割の市立学校・幼稚園に既に設置されており、全国最多となっています（平成28年4月現在）。そして、学校の応援団として、また、地域の御意見番として、情報・知恵・評価を共有し、共に汗しながら次代を担う子どもたちの育成に関わっていただいています。これはまさしく、明治期に竈金《かまどきん》として地域でお金を出し合い、学校運営に充てた番組小学校の精神そのものであります。

さて、このほど文化庁が国の機関として初めて東京を離れ、ここ京都に全面的に移転することが決定いたしました。京都の積年の悲願の実現です。

これは、平安期以来の豊かな歴史・文化はもちろん、明治維新で都市存亡の危機に瀕しながらも、教育や産業の近代化をはじめ、琵琶湖疏水の建設、発電事業への活用、さらには日本初の路面電車の運行など都市基盤を整備する「京都策」と呼ばれる数々の取組、進取の精神に根差した市民ぐるみの変革の歩みがあってこそのこと。

番組小学校創設以降も、明治5年には「新英学校及女紅場」が、同8年には日本初の幼稚園「幼稚遊嬉場」、11年には日本初の盲ろう学校「京都盲啞《もうあ》院」、13年には日本初の公立絵画専門学校「京都府画学校」、19年には「京都染工講習所」、20年には日本初の公立高等女学校「京都府高等女学校」が誕生するなど、京都は名実共に我が国の教育を先導してまいりました。

その後も全国に先駆けた地元主導の学校統合、小中一貫教育、教員養成改革等を次々と実現。こうした歴史を振り返ると、京都には改革を続ける不断の努力により、人づくりの理念が脈々と受け継がれていることが分かります。

そして、その誇るべき理念を守り育ててきた地域の絆を京都市学校歴史博物館に見ることができます。平成10年の開館からもうすぐ20年。これまでの収蔵品や新たな資料、学校に寄贈された美術品などから、新しい時代の人づくりの姿も見えてくるのではないかと思います。本書を通じて京都発の教育の姿、地域と学校が共に育ててきた人づくりの系譜を多くの方々に知っていただければ幸いです。

目次

［第二部］美術史――――森 光彦

本書は、京都新聞朝刊市民版に連載された記事『学びやタイムスリップ』（２０１４年10月５日〜２０１６年３月27日、計74回）をもとに加筆・修正して１冊にまとめたものです。

第一部 学校史

和崎光太郎

第一部では、学校や卒業生などが大切に保管してきたさまざまな学校歴史資料をもとに、幕末以降の京都の学校が歩んだ歴史を紹介いたします。一言に「京都の学校」といっても、時代によって、学校によって、多様な姿を我々に伝えてくれます。

＊本文中の年月日は、明治5年までは旧暦（和暦）、明治6年以降は新暦（西暦）ですが、便宜上、西暦を先に表記しています。

新時代にふさわしい小学校の創設を訴えた西谷良圃

全国初の学区制小学校である京都の番組小学校（以下、番組小）は、明治2年、西暦でいうと1869年から70年初頭にかけて、64校が誕生しました。最初にその構想を立ち上げたのは、行政ではなく、幕末の寺子屋（手習塾）の師匠でした。

幕末、政争で京都市中《しちゅう》*が混乱していたころ、高倉通錦小路上ル貝屋町（現在の錦市場西口の北）に、江戸時代後期から続く*手跡指南所・篤志軒がありました。その師匠である西谷良圃《りょうほ》（1824〜91）は、1866（慶応2）年に刊行された福沢諭吉の『西洋事情　初編』を読み、新しい時代にふさわしい学区制小学校の構想を得ます。早速、市中の有志たちと協力しながら、京都の町奉行所に口上書《こうじょうがき》を出し、そこで新しい学校の設置を訴えました。しかし、当時は政争のさなかということもあり、町奉行所は西谷の意見に耳を傾けることはありませんでした。

風向きが変わったのは、1868（同4）年に鳥羽・伏見の戦いが終わり、

西谷良圃

京都府が設置されてからです。府には、広沢真臣《さねおみ》という長州の実力者、次いでのちの府知事になる同じく長州出身の槇村正直*が派遣されました。彼らは西谷が68年8月《旧暦》に府へ提出した小学校構想に理解を示し、翌月末、西谷案をほぼ採用した「小学校設立計画の示達」を出します。

しかし、*町衆《ちょうしゅう》から多くの意見が寄せられ、すぐに修正を迫られました。西谷も自案に修正を加え、それを再度、府に提出しています。このような、西谷を中心とする京都市中の有志、行政（府）、町衆という三者の間で意見のやりとりが何度か行われる中で、*町組《ちょうぐみ》会所を兼ねる小学校とすること、竈金《かまどきん》（16ページ参照）で学校運営をしていくこと、学校建設費を町組有志の寄付と府からの融資で賄うこと、などが決められていきました。

このようにして、1869（明治2）年5月《旧暦》からの約半年間で、64の番組*小が誕生します。その後、西谷は下京《しもぎょう》四番組小（のちの日彰《にっしょう》小、現在は高倉小に統合）の初代校長を3カ月務めた後、隣の下京三番組小（のちの明倫小、現在は高倉小に統合、校舎は京都芸術センターとして活用）の開校に合わせて移り、70年4月《旧暦》まで校長を務めます。

それからは再び自宅で私塾を開き、塾名を菁々《せいせい》塾（堂）としました。菁々塾跡に北を向いて立つと、高倉小の校門が見えます。西谷は、番組小が無事創設されたのを見届けた後、再び私塾の師匠となり、下京四番組小の発展を

1972年に建てられた菁々塾跡の碑（京都市中京区高倉通錦小路上ル）

見守りながらその生涯を全うしたのです。

*市中　幕末から明治初期にかけては、現在の京都市中心部が「市中」、その周辺の一部が「郡中《ぐんちゅう》」と呼ばれていた。後に誕生する自治体・京都市とは無関係。
*手跡指南所　寺子屋（手習塾）の一種。今日では「寺子屋」とひとくくりにして語られることが多いが、当時の子どもが通う学校はそれぞれ名称が異なっていた。
*槇村正直　長州藩出身の、第二代京都府知事。初代知事の時代から実権を握っていたといわれ、京都の復興と近代化に尽力した。
*町衆　厳密には、応仁の乱から戦国期にかけての京都における比較的豊かな商工業者のこと。明治期以降に、江戸時代の京都の町人のことも指すようになる。
*町組　応仁の乱後に町衆が組織した、いくつかの町の集合体。自治機能を持ち、より広域な上京・下京という連合体を結成した。江戸時代に何度か編成替えされている。
*番組　京都府は、幕末の混乱からの復興のために1868（慶応4）年夏に町組再編を行い、翌69（明治2）年には番組小の創設を念頭に、さらに町組再編を行った。この時に上京・下京それぞれ北西から順に番号がふられたので、町組は番組と呼ばれるようになった。

番組小は地域のコミュニティセンター　①望火楼

番組小の構想が練られていた当時の京都は、蛤《はまぐり》御門の変をきっかけとする「どんどん焼け」（元治の大火）や幕末の物価高騰などの大混乱を経た、復興期にあたります。

そうした中、先に述べたように、西谷良圃を中心とした市井から生まれた

大正時代の有済小の望火楼

小学校創設のアイデアが、明治時代になり京都府と地域とのやりとりの中で具体化します。その結果、中世以来の自治組織である町組に起源をもつ番組に1校ずつを原則とした番組小ができました。

　番組小は教育の場であるにとどまらず、地域のコミュニティセンターとして京都の復興を担う使命を背負っていました。町組会所の他に、徴税、戸籍、消防、警察、府兵駐屯所などの施設が併設されていきます。開校当初は100坪程度の敷地の学校が多く、通学率の上昇ですぐに手狭になりました。ゆえに多くの学校で、開校の2、3年後から移転・新築が始まります。その際、かつて番組から府に建設を願い出ていた本格的な望火楼《ぼうかろう》が設置されていきます。

　望火楼とは火の見櫓《やぐら》ともいい、火事をいち早く発見し、半鐘を鳴らして知らせるための場所です。望火楼を備えた小学校は地域の中心・象徴にふさわしく、学区（21－23ページ参照）で最も高い建物でした。

　また、望火楼には住民に時刻を知らせるための報時鼓［写真140ページ］も置かれました。日彰《にっしょう》小（現・高倉小）のように五層の最上層を望火楼、次層を鼓楼とし、望火楼と鼓楼を分けた例もあります。

　下京二十四番組小（のちの有済小、現在の東山開晴《かいせい》館に統合）の望火楼は、元番組小の望火楼として、唯一現存しています［写真］。明治時代にでき、

校舎の上に残る、有済小の望火楼（京都市東山区）

2005（平成17）年には、国の登録有形文化財になりました。もとは木造校舎の屋根上にありましたが、1952（昭和27）年の校舎改築時に、新しい校舎に移築されました。京阪三条駅の南側ロータリーに面する元・有済小校舎の屋上に、今も見ることができます。

番組小は地域のコミュニティセンター　②講堂

番組小が各番組のコミュニティセンターとしての役割を担った複合施設であったことは、番組小が誕生する前に京都府が町衆からの意見を集めて作成した校舎の見本図面から、よく分かります。1階部分に筆道場（教室）、2階部分に講堂などが描かれています［写真］。

今の小学校には見られない部屋がいくつかあります。現在の交番にあたる町役溜《ちょうやくとまり》。出生届や死亡届の受け付けなど役所の役割を果たしていた出勤場。中でも、各校の2階に置かれた講堂は、コミュニティセンターとしての象徴的な存在でした。

明治時代の講堂は地域住民が会議を開いたり、府の役人が来て、新しく制定された規則の説明をしたりする場所でした。*心学や儒学の講座には、子どもだけでなく地域の人たちも参加していたようです。

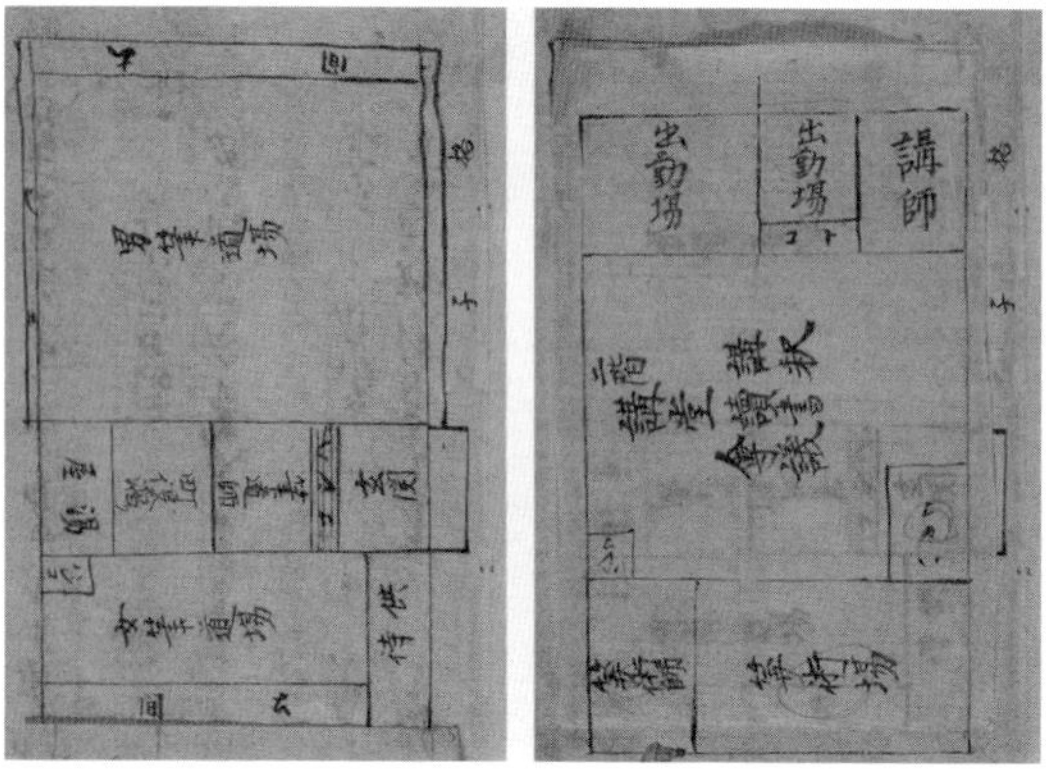

「小学校設立様式の布達」より

昭和にできた小学校校舎には雨天体操場（体育館）という、講堂と似た施設があります。その多くが1階に造られているのに対して、戦前に造られた講堂は基本的に2階にあります。なぜでしょうか。

ヒントは、雨天体操場は子どもが運動をする場所なのに対して、講堂が地域に開かれ、当初は大人が主に利用していた場所だったということです。つまり、もし講堂が1階、教室が2階にあると、大人の頭の上に子どもが乗るという格好になり、道徳上よくないと思われていたからだと考えられるのです。

現存する、開智小（現在は洛央小に統合、校舎は京都市学校歴史博物館として活用）と明倫小の講堂は昭和初期に建設されましたが、どちらも2階部分にあります。開智小の講堂は、現在でも学校歴史博物館に学習に来た小学生や、唱歌・童謡教室、地域の方などによって活用されています。

この図面からは他にも、当時の教室が男女別々であったことなど多くの発見があります。学校の姿や、学校と地域の関係は、時代によって変化します。よりよい学校のあり方を考えるためにも、昔の学校を知ることは、有意義なことです。

＊心学　一字一句の解釈にこだわる当時の学問を批判し、心を知ることの重要性を説いた江戸時代の思想家・石田梅岩の思想がもとになり、手島堵庵などの弟子たちによって形成された学

京都市学校歴史博物館の講堂で学ぶ小学生たち／2014年10月

問。石門心学ともいう。

竈金と小学校会社―地域運営の学校

番組小と地域との関わりにおいて最も有名なのは、いわゆる竈金《かまどきん》でしょう。竈金とは、番組内の全ての戸が、定められた額を番組小の運営費として出資するもので、番組小が最初に開校式を挙げた１８６９（明治２）年５月《旧暦》に醵出《きょしゅつ》が始まりました。

華族・士族以外の全ての戸が半年ごとに金１分（現在の約２５００円）を負担し、出資できない戸の分は町または番組内で肩代わりしました。開校から数年後に、華士族も番組小に通うようになり、それに合わせて華士族も竈金を払うことが義務付けられました。

ただし、番組小の運営費は竈金で全てを賄えたわけではなかったので、他で捻出する必要がありました。京都府は、番組小の運営を各番組の力で永続させるよう要求し、そのための基立米《もとだてまい》（玄米）６３５０石を各番組に配布しました。

全ての番組においてではありませんが、その永続方法の代表的な組織として、小学校会社が設立されます。小学校会社とは、運営面では番組小から独

小学校会社の金庫／1877年ごろ、下京二十七区（のちの貞教学区）

立しつつ、学校経費を補う役割も果たした、商社または金融機関の通称です。その運営に、竈金と府からの基立米が用いられたのです。最初の小学校会社は、1869年10月《旧暦》、下京十四番組（のちの修徳《しゅうとく》学区）に設置され、そこでは貧しい戸の竈金を免除しその分を小学校会社の利潤で埋め合わせるなど、柔軟な永続方法がとられていました。

しかし、全体的に小学校会社は長続きせず、1880年代後半まで存続が確認できるのは、上京二十二組（のちの春日学区）と上京三十一組（のちの銅駝《どうだ》学区）だけです。

番組が三度改称されてできた組が1892（明治25）年に再度改称されて学区となり、学区の議会である学区会が誕生すると、竈金は学区市税、つまり名実ともに税金となり、学区教育費として活用されるようになります。この学区市税の使い道は各学区の裁量に任され、学区制度が廃止される前年の1940（昭和15）年まで存続しました。

番組小と同様の青写真──*郡中小学校

前述したように、番組小には学校としての機能だけでなく、町組会所、さらに徴税、戸籍、消防、警察、府兵駐屯所などが設置されました。これらの

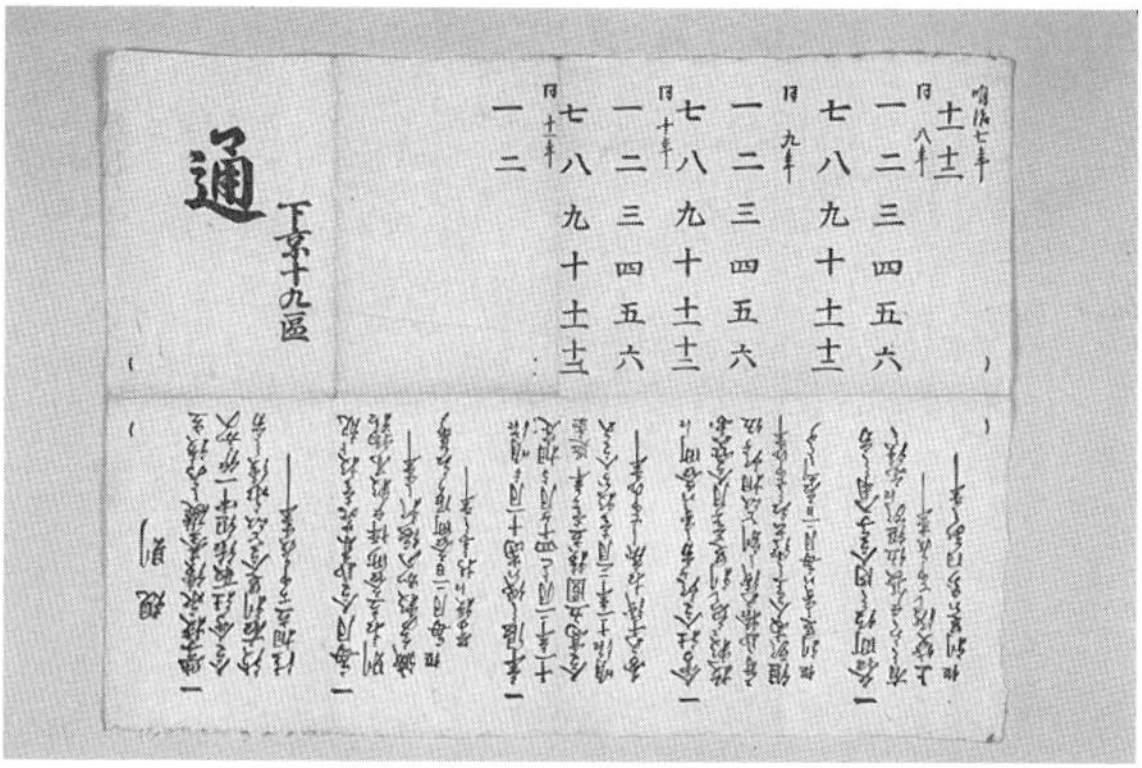

学校会社・竈金の帳簿「通《かよい》」／1874年、下京十九区（のちの有隣学区）

機能は、町衆の意見を府が具体化することで実現し、番組小の設立が始まる直前の1869（明治2）年2月《旧暦》22日付の「府より太政官宛、中学校小学校建営趣旨の具稟《ぐりん》」において示されています。

あまり知られていませんが、実は同様の文書は市中だけでなくその周りの郡中に向けても出されていたことが、『若山要助日記』という史料から分かります。つまり、番組小創設以降に当時の郡部（後に京都市へ編入）に設置された、東野小（現・山階《さんかい》小）や上嵯峨小（現・嵯峨小）、上賀茂小、石作《いしづくり》小（現・大原野小）などの小学校、当時の呼び方でいうところの郡中小学校においても、府が番組小と同様の青写真を描いていたということです。

では、番組小の特徴は、郡中小にどれほど取り入れられたのでしょうか。1871（同4）年11月《旧暦》に出された「府下各郡小学校建営心得告示」を通読すると、府は句読*・算術・習字を同一の教員が受け持ってもよいなど、農村部ならではの事情を考慮しつつ、郡中小学校も地域のコミュニティセンターとして位置づけようとしたことがうかがえます。

設立の動きは番組小がそうであったように早く、1872（同5）年2月《旧暦》5日には最初の郡中小である醍醐村小（宇治郡第一小、現在の醍醐小）が醍醐寺内に開校しています。開校式は三宝院内の白書院で行われ、85（同18）年まで三宝院内に教室を構えました。72、73（同5、6）年には、伏水市中《ふしみしちゅう》

醍醐村役場を併置する醍醐小学校／1902年ごろ

に開校した伏水第一小（のちの深草第一小、現在の深草小）・伏水第二小（のちの伏見第一小、現在の伏見板橋小）・伏水第三小（のちの伏見第二小、現在の伏見南浜小）、藩校を前身にもつ明親小を含めると、現在の京都市になっている地域には合計48の小学校が創設されます。

その後、地域が発展するのに伴い、郡中小をルーツとする小学校から多くの分校が誕生、独立していきます。特に戦後は、新しく開発が進むにつれて、それらの小学校から新しい学校が誕生していきました［変遷図］。小学校の歴史的変遷をたどることで、その地域の歴史を知ることができます。

＊郡中　→市中（12ページ）

＊句読　読み方のこと。１９００（明治33）年に国語科が設置されるまで、「書き」と「読み」は分けられていた。

地域で愛され続ける校名―その由来と扁額

番組小の創立時の校名は、「○京□□番組小学校」（○には上か下、□には番号）でした。しかし、その名称は3年ほどしか使われませんでした。１８７２（明治5）年に戸籍区が設置されるのに合わせて、番組の順番が変わり、名称も番組から区になります。近代教育制度を急速に整えた日本の教

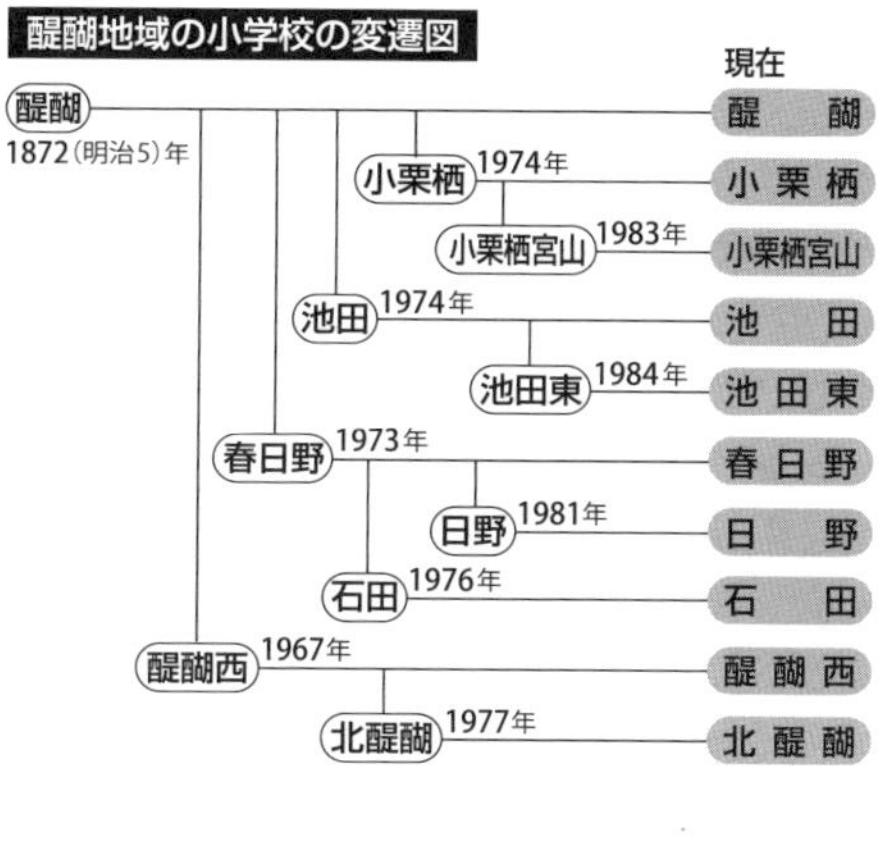

育政策は、その後も数年単位でめまぐるしく変化し、それに合わせて京都の小学校の正式名称も変わっていきました。

一方で、制度が変わっても変わらない名称、一種の雅号のようなものが、それぞれの小学校で使用されます。これは1873（同6）年4月に文部省が各学校に番号名ではない学校名を設けることと定めたことに始まります。この雅号風の校名にはいくつかのパターンがあります。

まず、学区の通り名に由来するケース。「柳馬場《やなぎのばんば》・御池《おいけ》」から一字ずつとった柳池《りゅうち》小（現・京都御池中）、「竹屋町《たけやまち》・間之町《あいのまち》」から一字ずつとった竹間《ちっかん》小（現在は御所南小に統合）などです。

次に、学区の歴史的地名に由来するケース。これは西陣小（現在は西陣中央小に統合）や六原小（現在は東山開睛館に統合）など分かりやすい校名と、銅駝《どうだ》小（現在は京都御池中に統合、校舎は銅駝美術工芸高校として活用）や淳風《じゅんぷう》小のように、平安時代の坊名に由来するなど少し難しい校名があります。

由来がもっとも難しいのが、漢籍（中国の昔の本）に出典のあるケースです。日彰小、立誠《りっせい》小（現在は高倉小に統合）、成徳《せいとく》小（現在は下京中に統合）など、このパターンの校名の多くが、当時の府知事槇村正直によって命名されました。

この他には、*明倫舎の流れをくむ明倫小、由来が分からない生祥《せいしょう》小（現在

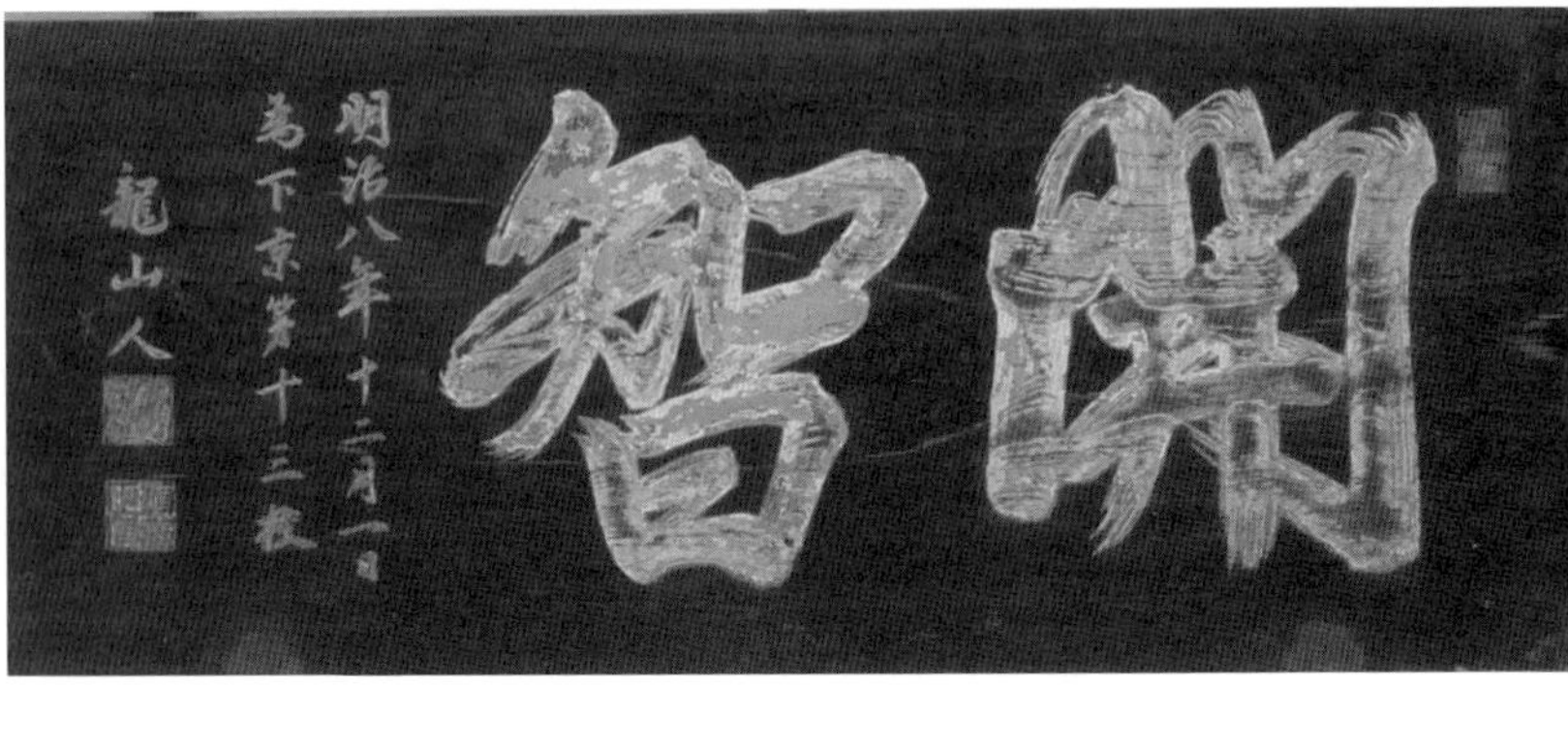

開智小の校名扁額／1901年作製

は高倉小に統合）や開智小などがあります。中でも、「開智」という校名は全国各地にあるのですが、そのもともとの由来が定かでないのは不思議ですね。読んで字のごとく、「智を開く」というまさに文明開化期の学校にふさわしい意味が込められたのでしょう。

いずれにせよ、校名は学校にとって大切なもの、アイデンティティーそのものです。ゆえに、元番組小には個性ある校名扁額《へんがく》が残されています。例えば開智小には、槇村正直が揮毫《きごう》した墨跡をもとに制作された扁額が、戦後もずっと校舎の出入り口に掲げられていました［写真］。

京都市では、時の教育政策によって変わってきた「〜小学校」などの名称ではなく、一貫して「〜校」と呼ばれ続けてきました。それも、校名が愛されるゆえんかもしれませんね。

＊明倫舎　石田梅岩の門人である手島堵庵が開いた心学講舎（心学の教えを説く教場）の一つ。

学区制度の誕生とその変遷

一般的に学区というと、通学区のことを指します。しかし京都市中心部では、通学区のことは校区と呼び、学区は自治の単位を指すことが一般的です。

ラジオ体操をする開智小の子どもたち。校舎出入り口に扁額が見える／1979年夏

つまり、学校統合で広い校区が誕生すると、一つの校区に複数の学区があるのです。では、学区はどのように誕生し、変遷してきたのでしょうか。

学区の起源は、１８６８（明治元）年と翌年の町組再編までさかのぼります。幕末に見舞われた大火などからの復興政策のため、中世以来の町組が、規模が等しくなるように大々的に再編されました。このとき、上京・下京それぞれ、北西から順に町組に番号が付けられ、番組が誕生します。

その後、半年から1年かけて、各番組のコミュニティセンターとして64の番組小が設置されていきました。

番組は「区」（72年～）、「小学区」（75年～）、「組」（79年～）と名称、さらに番号・自治の裁量権なども変わり、最終的に、京都市が誕生した3年後の１８９２（明治25）年に学区となります。19－21ページで述べた各小学校が持っていた雅号のような呼び名（「開智」「明倫」「立誠」など）が、公式書類に用いられ始めるのも、このころからです。

現在の学区は、自治連合会や社会福祉協議会が母体となるなど、学区ごとに異なった重層的な組織ですが、戦前の学区は公的に認められた自治組織で、このような学区制度は他都市でも採用されていました。

京都の学区制度の根幹は、各学区内で選ばれた学区会議員［写真］で構成される学区会の開催と、学区市税の徴収などによる学区資産の保有、そして

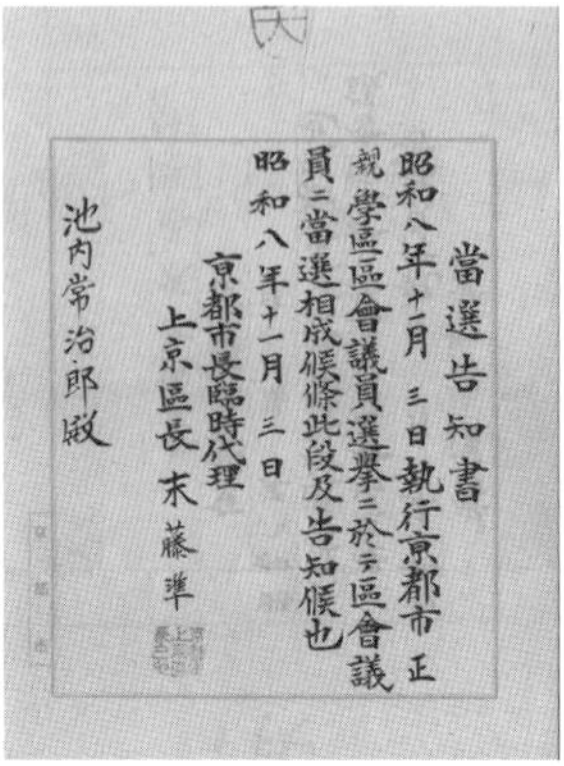
當選告知書
昭和八年十二月 三日執行京都市正親學區區會議員選擧ニ於テ區會議員ニ當選相成候條此段及告知候也
昭和八年十二月 三日
京都市長臨時代理
上京區長 末藤 準
池内常治郎殿

正親学区区会議員当選告知書／1933年12月3日

学区の重層組織である連合公同組合*の存在にあります。結果として、各学区の小学校の建築修繕費、寄贈教材教具、教員給与など、小学校のあり方を学区の裁量が左右するところが大でした。

［写真：iiページ］の金杯は、日彰尋常小学校の校舎建築費として学区民から1万6674円が寄付されたことを賞し、賞勲局より清水政太郎ほか学区民1053名に贈られた金杯です。校舎は1904（明治37）年に落成式が行われ、建築総額6万5083円のうち7割以上が寄付およびその利子で賄われました。後にこの校舎には、エール大学教授ラッド（George Trumbull Ladd）、京都帝国大学総長菊池大麓、コロンビア大学教授デューイ（John Dewey）などが視察に訪れています。

*公同組合　1897（明治30）年以降、一町一組合を原則として公同組合が設立され、各学区には各町の公同組合長で構成される連合公同組合が設置された。

文化遺産としての学校建築

京都の街中では、まだたくさんの元小学校校舎を見ることができます。それらの学校の多くは、地域の力によってつくられ運営されてきた番組小をルーツにもちます。

完成当時、1927年の立誠小の校舎／『新築竣工記念写真帖』より

中でも、京都国際マンガミュージアムとなった龍池《たついけ》小（現在は御所南小に統合）、京都芸術センターとなった明倫小が有名です。

さらに近年、京都市学校歴史博物館となった開智小や、立誠小の校舎［写真前ページ］も、名が知られるようになってきました。２０１５（平成27）年度は、学校歴史博物館が開館17年目で過去最高の来館者数を2年連続で更新しました。

学校歴史博物館の入り口には、１９０１（明治34）年に高麗門の様式を取り入れて造られた門が健在です。その両サイドには18（大正7）年築の石塀が、あたかもお城を囲むかのようにどっしりと構えています。さらに、38（昭和13）年完成の鉄筋校舎の玄関には、木造の車寄せ（玄関前に人力車をつけて雨を防ぐための建物）がついています。この車寄せは、成徳小の１８７５（明治8）年に造られた玄関車寄せを移築したもので、市内では現存最古の小学校建築です。この三つの建築物は国の登録有形文化財であり、学校歴史博物館は建物全体が一見の価値のある博物館となっています。

立誠小の校舎は、他の元番組小と同様に旧校地の売却金や学区での積立金・寄付金・家屋税などで建てられ、１９２７（昭和2）年12月に完成、校舎の前には記念の桜が植樹されました。校舎正面には、ネオロマネスク様式の美しい三連アーチの意匠をこらし、市内で初めての校内プール［写真］が備え

完成当時の立誠小校内プール／『新築竣工記念写真帖』より

られるなど最新設備も導入されました。

学区制度の廃止

室町時代以来の町組にルーツをもつ番組は、番組小創設後、学校運営や地域活動の中心であり続けました。先に述べたように、番組は度重なる名称の変更の後、１８９２（明治25）年に学区となり、学区制度が始まります。

この学区制度は、学区市税や寄付・寄贈などを通して「自分たちの学校」という意識を育むことや、自治活動を活性化させるなど、優れた点を持っていました。その一方で、学区間の経済力格差が表面化し、１９０５（同38）年には学区制度廃止の建議が京都市参事会に提出されました。

その後も学区制度は存続しますが、１９１８（大正７）年に教員の給料が学区費負担から市費負担へ移行するなど、時代によってそのあり方は変化します。相次ぐ市域拡大と20年代から進んだドーナツ化現象による、市中心部と周辺部との学校設備の違い、34（昭和９）年の室戸台風*で受けた校舎被害の差などで、学区間の経済格差は定期的に問題となりました。

しかし、学区は京都の自治の最も根底的な自治単位として必要不可欠な存在であり続け、戦時中は市内中心部の各学区で詳細な防災地図が作成されま

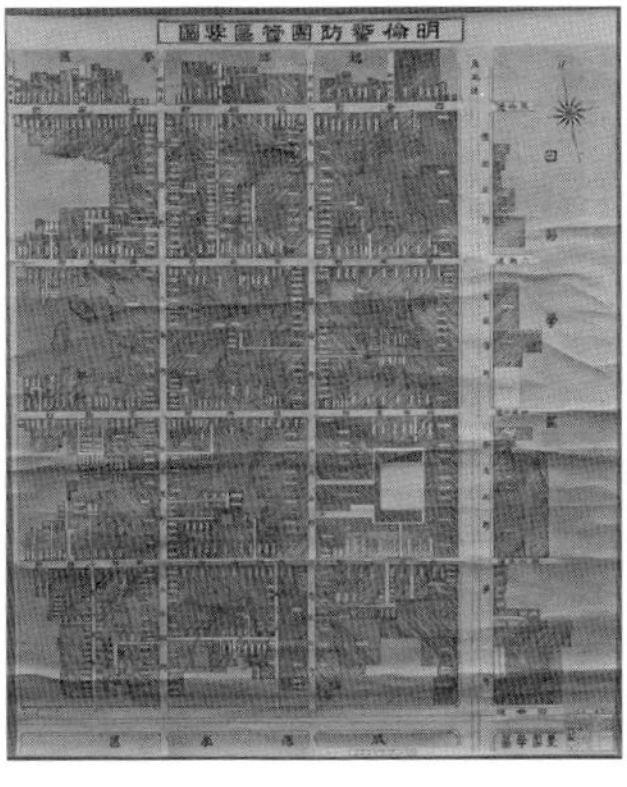

野内喜代次作「明倫警防団管区要図」／１９４０年

す。例えば、明倫学区の「明倫警防団管区要図」には、地下室の場所や耐火建造物が明記されているなど、当時の学区内の様子が防火・防災という観点から詳細に記されています［写真前ページ］。

学区制度が廃止されたきっかけは、国の動きにありました。日中戦争開戦の翌年である1938（昭和13）年に国家総動員法*が制定され、40年の内務省による京都市行政監査の結果、学区制度はふさわしくないとされました。翌年3月の京都府参事会で京都府達第115号が決議され、学区は制度としては廃止されます。つまり、学区はこの時に制度として廃止されたので、現在では正式には元学区*なのです。市内の小学校が正式に市立になるのは、このときからです。

しかし、戦時下で元学区は防災活動などで実質的な自治機能を持ち続け、その機能は戦後に結成された自治連合会など（名称や組織形態は元学区によって異なる）に引き継がれ、区民運動会［写真］や区民祭りなど、自治活動の貴重な担い手となりました。

1990年代前半の大規模な学校統合を経てもなお、元学区は地域共同体として続いています。本書でここまで述べたような歴史的背景をもとに、学校が統合しても元学区は統合されなかったのです。多くの元学区では今日でも、区民運動会や区民祭りが開催され、閉校した元学校のグラウンドを使用

明倫学区の区民運動会の様子（明倫小運動場）／1947年

することも多々あります。消防分団や社会福祉協議会も元学区単位で構成されています。夏の風物詩である地蔵盆は、基本的に元学区を構成する各町単位で行われ、その光景はさながら「子どもの宴会」のようですが、実は地域と子どものつながりを育む非常に大切な役割を担っています。このように、番組にルーツを持つ元学区は、今日まで続く自治の源流とも言うべき地域共同体なのです。

＊室戸台風　１９３４（昭和９）年９月21日に京阪神を直撃した、観測史上最強の台風。この台風で京都市内小学校が被害を受け、以後、小学校校舎の鉄筋化が急速に進んだ。

＊国家総動員法　日中戦争開戦の翌年である１９３８（昭和13）年に制定された、あらゆるものを戦争遂行のために統制・動員できるようにするための法律。

＊元学区　現在京都市内で日常的に用いられている自治単位「学区」のこと。１９４１（昭和16）年３月時点での京都市内の学区が元学区になったので、番組の区域や京都市編入以前の村の区域とは異なる。また、戦後に学校新設や学校統廃合などで校区が変更されても、元学区の変動は原則としてなされないが、この点については地域差がある。

第二章　子どもと教材・教具

京都独自の小学課業表

第一章でお話ししたように、京都では全国にさきがけて学区制小学校がつくられましたが、小学校の授業内容を示す課業表がつくられたのも京都が初めてでした。1871（明治4）年8月《旧暦》のことです。

その小学課業表［写真次ぺージ］を見てみましょう。当時は横書きの文は右から左に読むので、科目は句読・諳誦《そらよみ》・習字・算術の4科目です。

試験に合格して進級する「等」は、第五等から第一等まであります。各科目の内容は、等が上がるにつれて難しくなっています。例えば、算術では、第五等では加法・減法ですが、第一等では開平方*など、現在の高校で習う内容です。

また、句読の中には、現在だと歴史や地理で学ぶ内容が入っています。中でも今と一番違うのは、科目ごとに試験を受けて合格しなければ上の「等」に行けなかったことです。試験に合格しないと、ずっと同じ「等」のままでした。現在に比べると、ずいぶん厳しい制度だったのです。

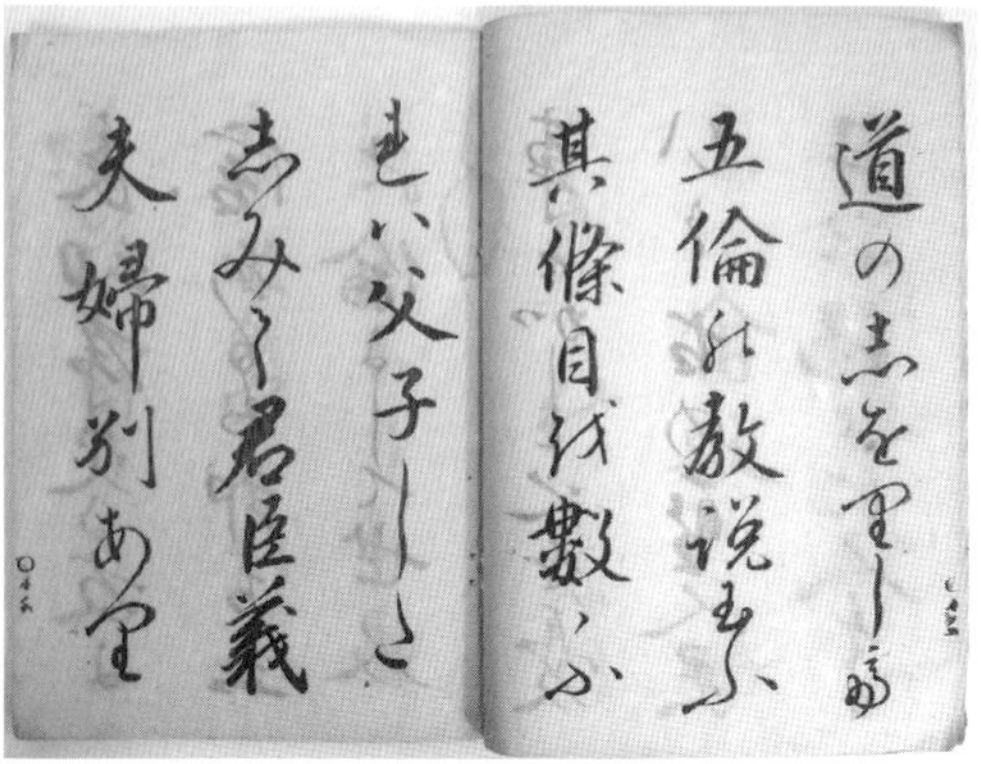

五等生が学んだ『小学子弟心得草*』／上京五番組小（後の西陣小）

では、各等にはどれくらいの生徒がいたのでしょうか。「政治部学政類第二　京都府」という史料には、全ての番組小について何等に何人在籍していたのかが記されています。これを見ると、驚くべきことに、計

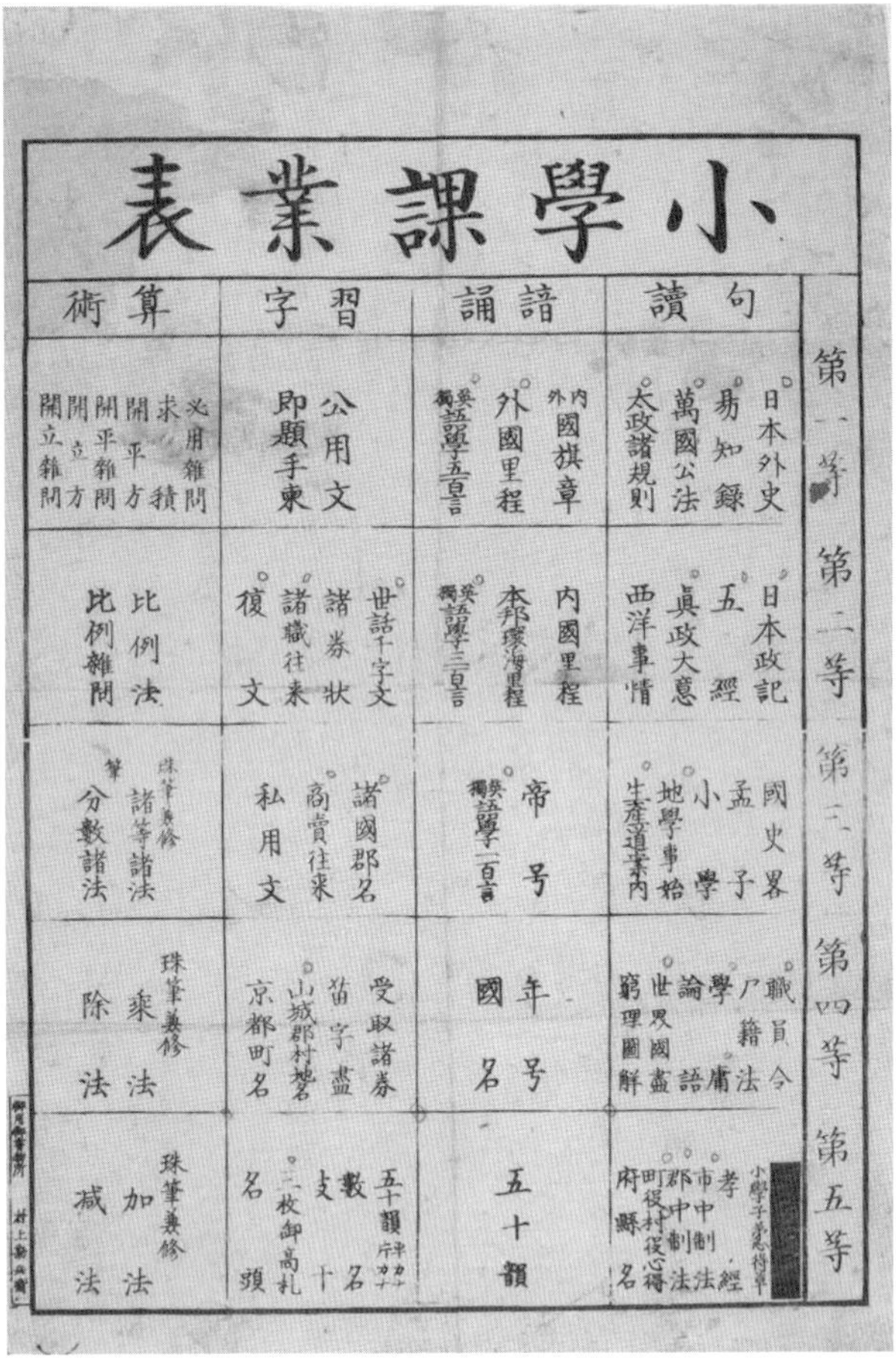

小學課業表

	句讀	諳誦	習字	算術
第一等	日本外史 易知錄 萬國公法 太政諸規則	内外國旗章 外國里程 英獨語學五百言	公用文 即題手柬	必用雜問 求積 開平 開平雜問 開立方 開立雜問
第二等	日本政記 五經 眞政大意 西洋事情	内國里程 本邦環海里程 英獨語學三百言	世話千字文 諸券状 諸職往来 復文	比例法 比例雜問
第三等	國史畧 孟子 小學 地學事始 生産道案内	帝号 英獨語學二百言	諸國郡名 商賣往来 私用文	珠筆兼修 諸等諸法 分數諸法
第四等	職員令 戸籍法 學庸 論語 世界國盡 窮理圖解	年号 國名	受取諸券 苗字盡 山城郡村名 京都町名	珠筆兼修 乘法 除法
第五等	孝經 市中制法 郡中制法 町役村役心得 府縣名	五十韻	五十韻 數名 支干 三枚御高札 名頭	珠筆兼修 加法 減法

1871（明治4）年の小学課業表。等ごとの科目の内容が記載されている

1万6839人中、1万5508人（92・1%）が未検生、つまり第五等に入る試験を受けておらず（または受けても不合格）、課業表外の学習をする生徒だったということです。未検生が学んでいた内容はよく分かっていませんが、おそらく江戸時代の手習い（書き・読み）のような学習だったと考えられます。次いで、五等生が1155人（6・9%）、四等生が152人（0・9%）、三等生が14人（0・1%）、二等生が1人、一等生は0人でした。全生徒中の約99%が五等以下に属していたのです。

当時は12歳以上も小学校に通うことができたので、のちの時代の史料と併せて検証すると、1872（明治5）年の四等生以上は、今の中学生の年齢に該当すると推定されます。このような年長の、かつ全体の約1%というごくわずかの生徒がこの小学課業表の第四等以上の内容を学んでいたのです。ただし、句読第一等の『万国公法』*や第三等の『国史略』*、さらには諳誦第三等から第一等の英語・ドイツ語までをも小学校で教えようとしていたことは驚きです。1874（明治7）年には国の制度に従った新しい課業表が作成され、この小学課業表は役目を終えます。

*開平方　平方根の計算の一種。

*『小学子弟心得草』　手習い（習字）本としての教訓書。五倫の道（父子の親・君臣の義・夫婦の別・長幼の序・朋友の信）を説く。平井義直が執筆、京都府が刊行し、愛知県でも

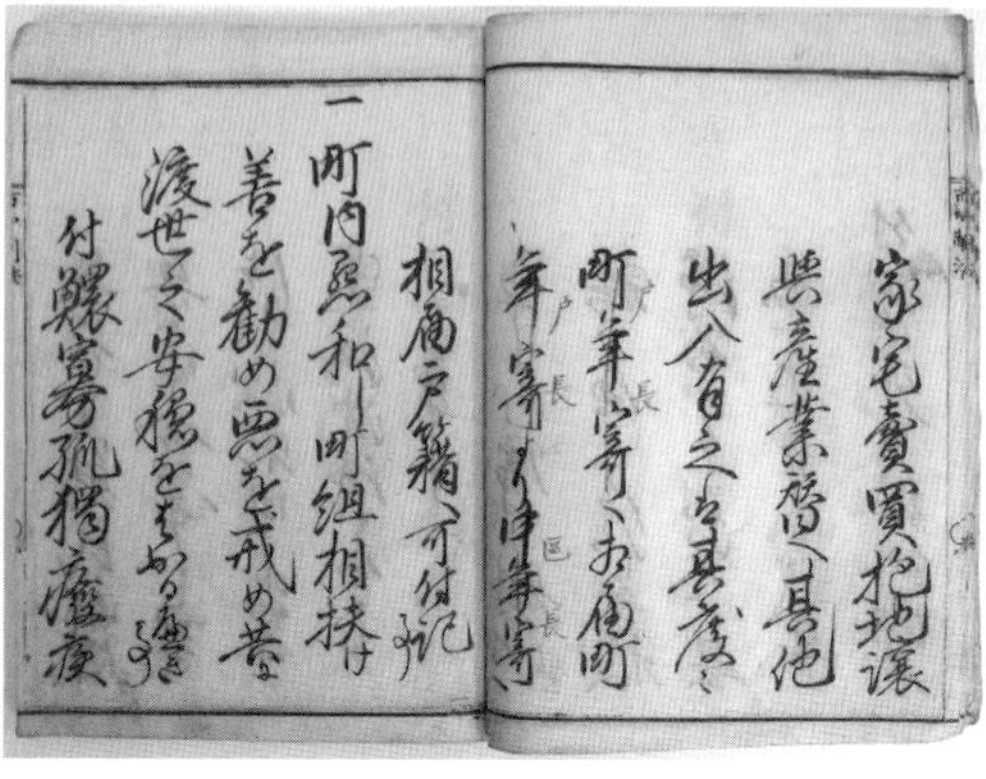

五等生が学んだ『市中制法』*／上京二十八番組・二十九番組合併小（後の上京十一区・十二区合併小、京極小）

使用された。

＊『市中制法』　市中に関する法制や、町の住民としてのきまりを述べたもの。郡中については別に『郡中制法』があり、これも教科書として用いられた。

＊『万国公法』　近代国際法を解説した翻訳本の総称。様々な種類がある。『万国公法』が番組小で教えられようとした背景には、山本覚馬《かくま》の働きかけがあったとされる。

＊『国史略』　江戸時代に漢文で書かれた歴史書。番組小で使われようとしたものは、幕末から明治初期に刊行された計5巻からなる冊子。

等級制から学年制へ──卒業写真の誕生

明治時代中期までの小学校は、学年制ではなく等級制で、進級試験に合格した者だけがおのおの進級していく制度でした。つまり、完全な能力主義の学校で、試験の点数が悪ければずっと進級できなかったのです。現在の習字の教室のように、10級から始まって9級、8級と進級していく姿を思い浮かべてもらえれば、だいたい近いイメージかと思います。

1869（明治2）年に番組小が創設されて数年間は、京都独自の小学課業表（29ページ参照）にもとづいた等級制でした。国の制度に従った新しい制度になるのは、最初の教育法令である学制が発布されて1年半後の、74（同7）年1月からです。

このときに、小学校は下等小学8級と上等小学8級に分かれ、進級は半

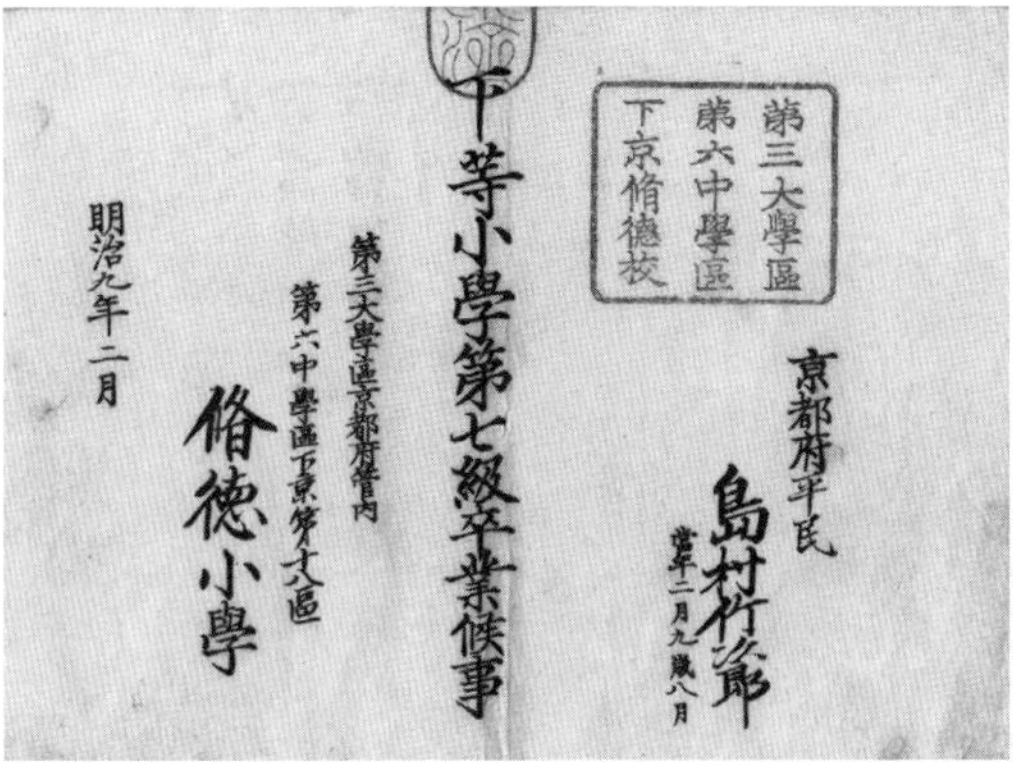
第三大學區
第六中學區
下京脩徳校

京都府平民
島村竹[illegible]郎
當年二月九歳八月

下等小學第七級卒業候事

第三大學區京都府管内
第六中學區下京第十六區
脩徳小學

明治九年二月

下等小学第七級卒業証書／1876年

年が目安とされました。［写真前ページ］は、当時の修徳小学校（現在は洛央小に統合）の卒業証書です。よく見ると、学校を卒業したのではなく、第７級を卒業していますね。このように、進級（当時の表現で「卒業」）するたびに証書が書かれたのです。というのも、当時はまだ全国の小学校就学率が40％ほどで、就学しても、多くの子が下等８級か下等７級で小学校での学習を終えていたからです。

１８７７（明治10）年の京都府では、小学校在籍者のうち、約69％がこのどちらかの級に属していました。81（同14）年の小学校教則綱領で小学校は初等科３年、中等科３年、高等科２年になりますが、各年が前期と後期に分けられた半年進級制で、実質的にはあまり変化がありませんでした。

制度が大きくかわり、現在のような小学校の姿に大きく近づくのは、１８８６（同19）年に小学校令と「小学校ノ学科及其程度」が出されてからです。

これらの法令で、小学校が４年制の尋常小学校*と４年制の高等小学校*になり、尋常小に通わせるのは「父母後見人等」の「義務」とされます。さらに、進級試験が年１回の開催になります。みんな同時に進級し、卒業するようになるので、卒業式が行われ、卒業写真が撮影されるようになったのです。［写真］は西陣尋常小の卒業写真です。

１８９０（同23）年の第二次小学校令などで、進級試験が実質的に廃止さ

初期の卒業写真／１８９０年

れて考査制*へと移行が進み、同令の施行に合わせて、文部省が府県に尋常小学校の学年の始まりを４月に統一させるよう指示します。この段階で「学年」が誕生し、在学中のみならず学校卒業後も、「学年でいうと同い年」という日本独特のフレーズが、日常会話の中に登場するようになるのです。

*尋常小学校　現在の小学校にあたる。１９００年代に高等小学校を併設する学校（尋常高等小学校）が増加し、１９０８年４月から６年制になる。

*高等小学校　義務教育ではなく、同一校内での男女別学で、１９００年頃までは豊かな家の子どもだけが進学する学校だった。当初、京都には上京・下京それぞれに１校ずつ設置された。

*考査制　日常の学習成果やテストの成績などに基づいて成績をつける制度。

明治時代のノートと鉛筆――石盤と石筆

３月には各地で卒業式が行われ、桜の季節になり、４月になると今度は入学式が始まります。小学校の入学式といえば、初々しいランドセル姿の新入生が目に浮かびますね。実は、このランドセルの歴史はまだ浅く、早いところで１９３０年代、遅いところだと戦後の１９５０年代以降に使われるようになりました。それ以前は、簡素な肩掛けかばんが主流でした。

そもそも、なぜランドセルが必要になったのでしょうか。ヒントはランドセルの中にあります。ランドセルの中には、教科書やノート、筆記用具、下敷きなど、家庭学習での必需品が入っていますね。つまり、ランドセルとは、学校だけでなく家庭でも勉強できるようにするための道具なのです。１９２０年代以降にノートと筆記用具が普及するまでは、家庭での学習は今ほど当たり前のことではなく、書くことによる勉強はもっぱら小学校で行うことだったのです。

では、ノートと筆記用具が普及する前は、どのような文具を使っていたのでしょうか。

江戸時代のいわゆる寺子屋は、師匠が弟子（寺子）に課題を与え、個別に指導するのがスタンダードな学習スタイルで、そこで用いられたのは筆と半紙（和紙）でした。明治時代になり各地に小学校が創設されると、就学率が上がります。半紙は高価なので、小学校では児童全員に使わせることが難しくなりました。一方、このころ、粘板岩の薄片に木製の枠をつけた石盤に、ろう石を加工した石筆で文字を書くというスタイルが西洋からもたらされ、国内の粘板岩の生産量が増えます。

この二つの要因、つまり就学率の上昇と石盤・石筆の登場が重なり、少なくとも京都では１８７７（明治10）年ごろから、紙・筆に加えて石盤・石筆が使われるようになりました。石盤・石筆は、就学率上昇期の小学校教育を

日彰小に残されていた石盤・石筆と石盤箱／１８８０年

支えた、隠れた立役者だったのです。

しかし、石盤・石筆は使用するたびにろうの粉が出て、体によくありません。結局、１８９７（同30）年ごろから次第に用いられなくなり、筆と紙が再び主流となりました。鉛筆とノートが普及し始めるのは、このおよそ30年後、昭和初期の１９２０年代後半のことでした。

時代の最先端を行く理科の実験道具

明治時代の都市部の小学校では、まさに文明開化の時代にふさわしい、西洋諸国の技術を取り入れるための本格的な理科の実験道具が使われていました。では、それらの実験道具は、どのようにして学校にもたらされたのでしょうか。

京都では、１８７０（明治３）年に京都舎密《せいみ》局*が開局され、そこでいち早く西洋理化学の知識が教授されていきます。その代表が、ドイツ人ワグネルの指導を受けた島津製作所の初代島津源蔵で、彼は多くの理科実験道具を製作しました。１９１０年代以降（明治末から大正期）になると、尋常小学校を卒業した後も上級の学校に通う子どもが増え、それらの学校にも実験道具がそろえられていきました。

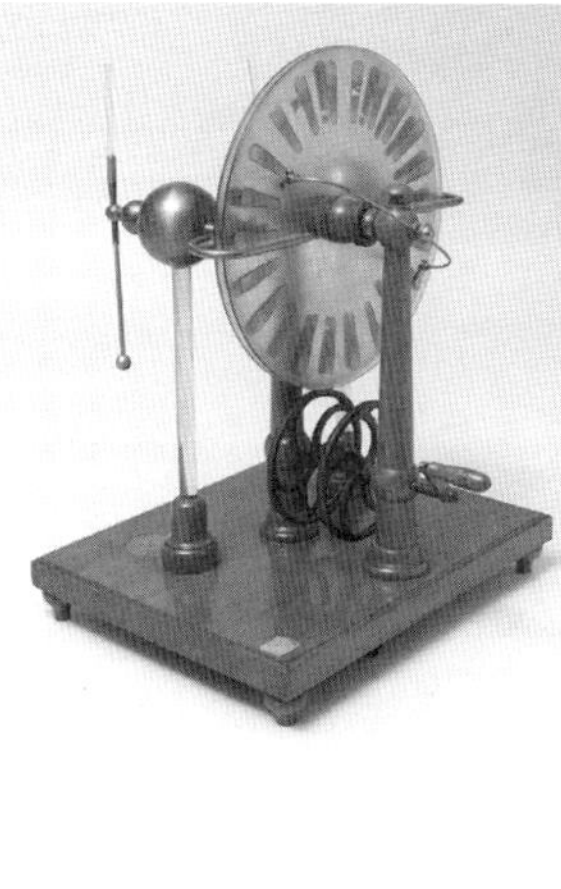

感応起電機

列田瓶

そのうちいくつかは現存しており、中でも存在感が際立っているのが、感応起電機です［写真前ページ右］。１８８４（明治17）年に島津の長男である梅治郎（のちの二代目島津源蔵）が外国製品を見本にして日本で初めてつくり、後に教育用として大々的に売り出しました。今なら30万円くらいする高価なものでした。

ハンドルを回すと、数ミリの間をあけて合わせた2枚の円盤がたがいに逆回転し、円盤上に静電気がおきて、下にある瓶にためられます。そしてその静電気がいっぱいになると、金属の放電球から青い火花をあげて電流が流れます。

列田瓶［写真前ページ左］は、感応起電機と接続し、静電気を多量に蓄える瓶で、「ライデンびん」と読みます。１７４５年にオランダのライデン市で発明されたので、このように呼ばれています。たくわえた静電気を、錫箔《すずはく》を張った瓶の内側と外側で二つの極となって放電する実験に使われました。列田瓶は、尋常小学校を卒業した後に通う高等小学校や高等女学校（61ページ参照）の教科書に載っている実験道具です。この瓶は、１９０８（明治41）年に開校した市立高等女学校（のちの市立堀川高女、現在の市立堀川高）で使われていました。

京都市内の学校では、早いところでは明治から、遅いところでも昭和初期には理科教室［写真iiiページ下］、理科標本室などが設置されていきます。そこに置かれた実験道具の多くは地元の方々でお金を出し合って購入したもので、そもそもその教室が設置された校舎も、第一章でお話ししたように、多くは地元の力で造られたのです。

＊京都舎密局　明石博高《ひろあきら》によって1870（明治3）年に創設された、化学技術の研究・教育機関。「舎密」はオランダ語シェミー（化学）の当て字。

教科書の挿絵は「子ども」観の反映

明治初期に小学校が創設されたころは、新しい時代にふさわしい「学校で学ぶこと」と、江戸時代からさほど変わらない「実際の生活」とのギャップが大きく、なかなか就学率が伸びませんでした。

1900（明治33）年の第三次小学校令で尋常小学校の授業料が無償化され、日露戦争の時期を経て都市部で近代的な生活が定着しつつあった09（同42）年、ようやく小学校就学率が98％を超えました（ただし農村部では、在籍していても家の事情で通学できない子どもがたくさんいました）。

このように就学率が大きく伸びた背景の一つに、教科書が分かりやすくなったことがあります。1900年文部省検定済の教科書『国語読本《とくほん》　尋常

坪内雄蔵著『国語読本　尋常小学校用　巻一』／1900年

小学校用　巻一』を見てみましょう［写真前ページ］。これは、内容が実際の子どもの能力に合わせて平易で分かりやすくなった教科書の典型です。しかしその一方で、挿絵は今日から見ると、「子ども向け」という感じはあまりしません。つまり、文字を学習するという点では「子ども向け」が開発され実用化されたのですが、挿絵においてはまだ大人と子どもの区別が今日ほどついていなかったのです。

「さるかに合戦」は、以後の読本教科書の定番となるので、昭和の教科書と比較することで教科書の変化を追ってみましょう。

［写真viページ下右］は、1931（昭和6）年の満州事変の後に編さんされた1年生用の教科書です。このシリーズから一部の挿絵がカラーになりますが、「さるかに合戦」の挿絵では首より下が人間である様は変わっていません。やはり、今日の子どもが見ると、怖さがあるかと思います。

［写真viページ下左］は、1941（同16）年に小学校が国民学校*になったときから使われた1年生用の教科書です。この教科書から、「さるかに合戦」のキャラクターの描き方が大きく変わり、現代の私たちの目から見ても親しみやすさがあります。

このように、教科書の変遷を追うことで、それぞれの時代における「子ども」が大人によってどのように見られていたかが分かります。

＊国民学校　日中戦争開戦から3年以上が経過した1941（昭和16）年4月、小学校の教科編成と内容が戦時下の教育体制に見合うよう大幅に変更され、尋常小学校が国民学校初等科に、高等小学校が国民学校高等科になった。

リードオルガンの「風の音」

2000年ごろまでは、どこの学校にもあったリードオルガン（足踏みオルガン）。現在では電子オルガンが主流になり、リードオルガンの音は学校ではあまり聴かれなくなりました。

日本におけるオルガンの歴史をたどると、唱歌教育の歴史と密接に関係していることが分かります。つまり、小学校の授業でオルガンが用いられることによって、世にオルガンが広まったのです。

京都では、1877（明治10）年ごろから同志社女学校（現在の同志社女子中・高）や京都女学校（のちの府立京都第一高女、現在の府立鴨沂《おうき》高）で音楽教育が行われていたこともあり［写真］、他の地域よりも比較的早い87（同20）年から尋常小学校で唱歌の授業が行われ始めます。オルガンは当時高価でしたが、地域の人たちの寄贈などによって次第に小学校に導入されていきました。

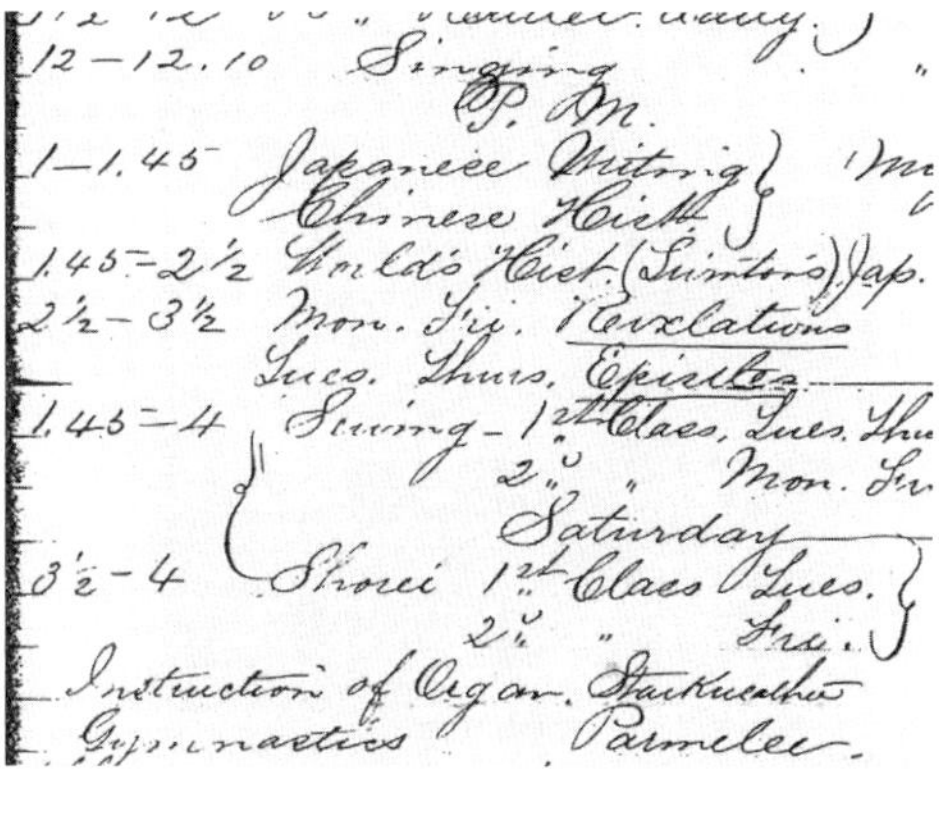

1880（明治13）年度同志社女学校時間割（同志社女子大学資料室蔵）／この時間割表には、正午からSinging（歌唱練習）、午後4時からInstruction of Organ . Starkweather（オルガン指導　スタークウェザー）とある。

〔写真〕はリードオルガンの一種、燭台付風琴《しょくだいつきふうきん》で、1910年ごろ（明治末期）から広まった大型の国産オルガンです。燭台とは、左右に付いているろうそくを置ける小さな台のことで、こうしたきれいな飾りは昔の高価なオルガンによく見られます。風琴とは、リードオルガンのことです。

なぜ風琴というのでしょうか。答えは、足でペダルを踏んで風を内部に送り込み、その風でリードという部分を震わせて音を出すからです。「風で音を出す琴」ということですね。ちなみに、アコーディオンは手風琴と呼ばれていました。

このオルガンは1910（明治43）年製。ヤマハの国産第16号型で、京都市内の幼稚園や小学校で使われたと確認できるものでは現存最古です。同年、日彰幼稚園（1996年閉園）の新築園舎落成式に合わせて、日彰学区の一宮家から寄贈されました。寄贈者として記録されているのは大人ではなく、この年に日彰尋常小を卒業し、府立第一高等女学校（のちの府立京都第一高女）に入学したばかりの一宮道子になっています〔写真左〕。一宮道子は、後に『おべんとう』や『おかえりのうた』など幼児向けの歌を数多く作曲しました。

皆さんの近くに、もしリードオルガンが残っていたら、ぜひその「風の音」を聴いてみてください。京都市学校歴史博物館の常設展示室でも、聴くこと

燭台付風琴

オルガンには「明治四十三年三月寄附　一宮道子」と書かれている（後に書かれたもの）

ができます（不定期で生演奏もあり）。

NIEのさきがけ──京都の大正自由教育

近年、NIE（Newspaper in Education）、すなわち「教育に新聞を」という考え方が注目されています。しかし、その起源が実は100年以上前にあることは、あまり知られていません。

当時の日本は大正時代。小学校への通学率がようやく9割を超えたそのころ、後に大正自由教育（大正新教育）と呼ばれる児童主体・自学重視の教育が広がりました。各地の*師範学校附属小（現在の教育大や教育学部の附属小）が発信源となり、主に都市部の小学校で実践されました。その一環で、教育に新聞を活用する試みがなされたのです。

京都では、明治後期から自由教育の兆しが見られます。その先頭を切ったのは生祥尋常小の校長岩内誠一で、1902（明治35）年に学区有志者の寄付金をもとに生祥児童文庫を開設しました。岩内は京都府師範学校出身で、*石田梅岩の教育思想を学校教育に活《い》かすことに尽力しました。後に岩内は、児童文庫は「自学自習」のために最も大切だと語っています。

1905（同38）年には、修道《しゅうどう》尋常小（現在は東山開睛館に統合、校舎は

修道児童文庫移転増築費寄附簿／1906年

東山総合支援学校として活用）の同窓会の尽力により、私立修道児童文庫が全国唯一の公認児童図書館として開設されます。この児童文庫は増築移転［写真前ページ］の後、11（同44）年に学務委員*の協力を得て校長真下《ましも》瀧吉（真下飛《ひ》泉《せん》）の主導で学校運営となりました。13（大正2）年の蔵書数1358冊という記録が残っています。

真下は、「ここはお国を何百里」で始まる『戦友』*の作詞者として有名ですが、教育者としては府師範学校出身で京都の大正自由教育を先導した一人として知られます。「児童本位」を唱道して進められた学校改革は、校内の教育設備だけでなく、教員の人事や学区の社会教育にまで影響を与えた壮大なものでした。その中で行われたのが、新聞を活用した授業でした［写真］。中央には授業を担当する教師、左には校長真下の姿が見えます。

*師範学校　1880（明治13）年に各府県に設置が義務付けられた、主に小学校教員を養成するための学校。京都府師範学校（現京都教育大学）の設置はそれより早い76（同9）年。

*石田梅岩　→心学（15ページ）

*学務委員（京都市中）　番組の長である中年寄が、区長、学区取締と改称され、1879（明治12）年に学務委員になった。一時廃止されたが復活し、戦後まで存続。現在の自治連合会会長などにあたる。

*『戦友』　日露戦争中の1905（明治38）年に、児童の唱歌用に作成された曲。広く国民に親しまれながらも、第二次世界大戦中に軍部に歌うことを禁じられた。

新聞記事を使った授業／1915年ごろ

第三章 戦争と学校

「夏休みの宿題」と戦争

7月下旬になると、多くの小学校で待ちに待った夏休みが始まります。では、夏休みは歴史的にいつ誕生し、どのような変化があったのでしょうか。

江戸時代には、そもそも今のような学校はなく、個別指導の寺子屋など私塾のような学校がほとんどで、そもそも夏休みという考え方すらありませんでした。明治時代になると、日本の近代化を進めるために欧米からいわゆる「お雇い外国人」という教師をたくさん招きます。その教師らが欧米では一般的だった夏休みを要求したことで、日本でも夏休みが定着していったのです。１８８１（明治14）年の小学校教則綱領という法令で「夏季休業日」が制定されたのが始まりでした。

さて、夏休みといえば、宿題です。京都では「夏休みの友」という宿題冊子が夏休み前に配布され、それをいかに早く終わらせるかが毎年の悩ましい課題となります。戦前の夏休みの宿題は、「あさのま（アサノマ・朝の間）」という別のものでした。早く起きて朝の間に勉強をしなさい、ということで

「あさのま　4」の表紙／1939年、淳風尋常小

す。ちなみに、冬休みの宿題は戦前も「冬休みの友」でした（冬休みは早起きをしなくてもよいということではありません）。

時代によって変わった「あさのま」ですが、１９３７（昭和12）年７月に日中全面戦争が始まってからは、戦時色が濃くなりました。39（同14）年夏の４年生用「あさのま」を１枚めくると、表紙裏には明治天皇の御製《ぎょせい》（皇族が作った和歌など）とその説明、１ページには学校から「氏神サマ」（神社）に行くシーンを題材とした算数の問題があります［写真右］。

１９４１（同16）年夏の６年生用「朝の間」の表紙裏は４年生のものとほとんど同じですが、１ページには「今上陛下」（昭和天皇）と皇后の和歌が書かれています［写真左］。１９３０年代後半になると、次第に天皇中心の国家であるという考え方が強まっていき、それが児童の夏休みの宿題にも反映され、日中戦争開戦後にはそれがより濃くなったのです。

児童作品と戦争

児童作品には、つくられた時代の特徴が表れます。１９４１（昭和16）年12月８日の対米英開戦で日本が本格的な戦時体制に入っていくとき、戦時色が濃いものになっていきます。

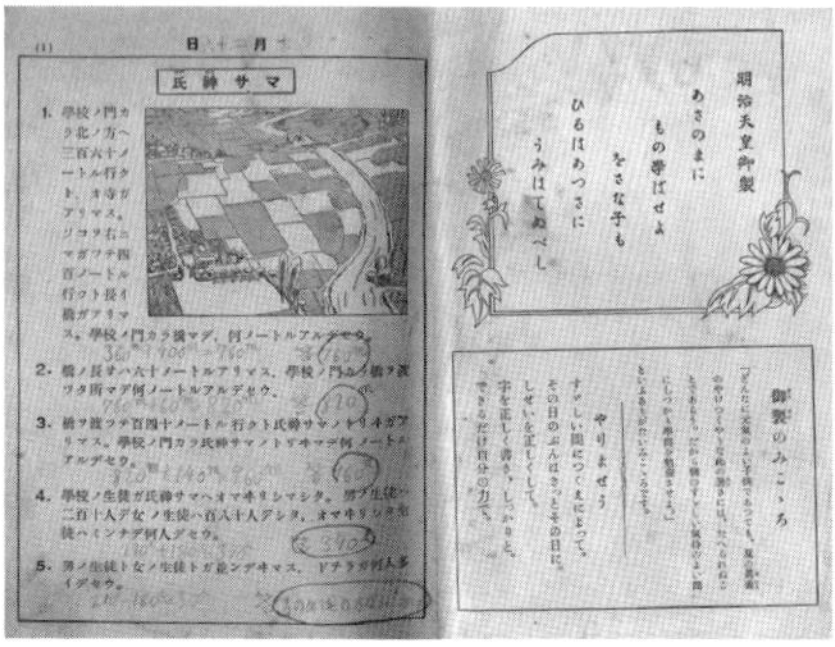

「あさのま　4」／1939年、淳風尋常小

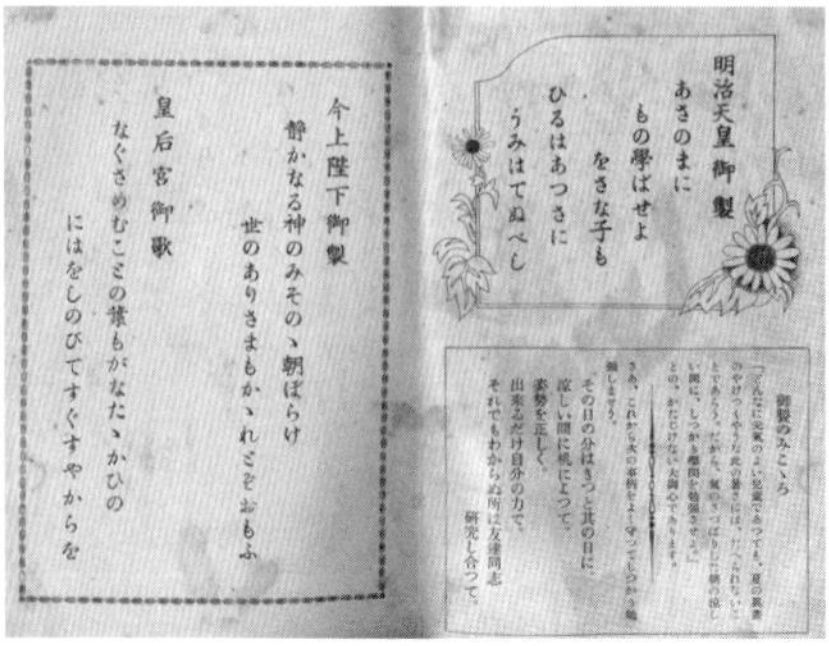

「朝の間　6年」／1941年、淳風国民学校

［写真viiiページ中右］は、開戦の日に4年生が書いた作文です。文中に二度登場するお父さんは、すでに戦場へと赴いていた軍医でした。「今頃どうして居られるだらう」と父の身を案じています。

この児童は、安寧《あんねい》国民学校（現在は梅小路小に統合）卒業後に市立二条高等女学校（１９４８年閉校、校舎は二条中として活用）に入学。父からの手紙は、その入学を祝う１９４４（昭和19）年5月9日付を最後に途絶えます。終戦後、父の帰国を待ちわびる中、47（同22）年6月20日付で「昭和十九年十月二十五日　*比島レイテ島ダガミの戦闘に於て戦死（頭部貫通銃創）」との１枚の紙（死亡告知書）が届きました。

［写真viiiページ上］は、開戦の翌年に仁和《にんな》国民学校（現・仁和小）１年生が描いた絵です。「オトウサンノニウヘイ」（お父さんの入営）という題は、全ての児童の父が出征したわけではないので、与えられたお題ではなく児童自身が決めたのだと思われます。父は前年に出征しており、そのときのことを思いながら描いたのでしょう。

ところで、この児童の作品は、１年生から６年生までの絵、作文、習字［写真］などが綴《つづ》りになってたくさん残されています。戦時下の大変な時期に大切に保管していたのは、母です。では、なぜ母は、わざわざ綴りにして取っておいたのでしょうか。

１年生の習字作品「ウチテシヤマム」*／１９４２年、仁和国民学校

答えは、戦地から父が戻ってきたときに、わが子の成長を見せるためです。しかし、父はこれらを見ぬまま、戦死しました。［写真viiiページ中左］は、父が戻らぬまま戦後をむかえ、6年生になったこの児童が書いたものです。

＊比島　現在のフィリピン諸島のこと

＊ウチテシヤマム　敵を撃って滅ぼそう、という意味。小学1年生の児童がその意味をどこまでわかっていたのかは定かでない。戦時標語の一つで、他に「欲しがりません勝つまでは」「米英撃滅」などがある。

木刀になぎなたも――戦時中の運動会

1942（昭和17）年6月のミッドウェー海戦で日本海軍が敗北して以降、戦局が急速に悪化しました。学校では先生の応召（召集令状が届き、それに応じること）が始まります。先生の応召は、学校では名誉とされ、多くの記念写真が現存しています［写真右］。

43（同18）年になると、運動会が体錬大会という呼び名になり、戦争をモデルにした内容になるなど、戦時色がこれまで以上に濃くなります。当時の校長先生が残した体錬大会のアルバムを見ると、「米英撃滅」や「月月火水木金金」（「土日も働こう」という意味）などのスローガンが写真の傍らに記

塩見先生応召送別記念写真／1943年、西院国民学校

体錬大会の入場行進

されています。「米英撃滅」は、「欲しがりません勝つまでは」や「撃ちてし止《や》まむ」と同様に当時頻繁に使われたスローガンで、習字の手本や学校の垂れ幕などにも見られます。中には「叩《たた》キ落セチャーチルノ首」（チャーチルは当時のイギリス首相）など、過激な言葉も散見されます。終戦後の占領軍がほとんどアメリカ軍だったことから、われわれは「アメリカと戦争をした」という認識を持ってしまいがちですが、戦時中は決してそうではなく、複数の国と戦争をしている認識でした。

［写真前ページ左］は、開智国民学校の体錬大会の入場行進です。防空頭巾をかぶった女子が手にバケツを持ち、いわゆる「銃後」（国内での戦時体制）にこの児童たちが組み込まれていく様がよく分かります。この行進では他に、女子が担架をかついで入場する様子も写真に残されており、本土空襲が現実的な問題になっている時局がうかがえます。

［写真viiiページ下］は、同じく開智国民学校の、なぎなた体操の様子です。体錬大会では、男子は木刀、女子はなぎなたを持ち、体操を披露していたのです。

この競技は、普段から体錬の授業（今の体育）で「錬成」してきた成果を、学校の教員だけでなく、他学年児童、保護者、地域の人たちなどに披露する場でもありました。［写真］からは、校舎の前だけでなく、校舎内にも多くの見学者がいるのが分かります。

木刀を振る男子児童と校舎から見学する人たち

食糧増産と出征記念写真

対米英開戦から半年後、戦局が急速に悪化し、1943（昭和18）年に入ったころからは戦時色がこれまで以上に濃くなります。食糧や物資の不足も深刻になっていきます。そのころ、京都の子どもはどのような生活を送っていたのでしょうか。全てを語り尽くすことはできませんが、ここではあまり知られていない二つの側面を見てみましょう。

まず、中等教育*の学校の生徒に次いで、国民学校の児童までもが本格的に食糧増産などのために学校行事として労働に従事することとなったことがあげられます。すなわち、京都における「学童ノ戦闘配置」（東京都長官の言葉*）の始まりです。

［写真右］は、1944（昭和19）年11月ごろの紫竹国民学校（現・紫竹小）で撮影された、学校農園での写真です。現在の紫竹小グラウンド南側で、グラウンドをサツマイモ畑にする作業の時に撮影されています。戦争末期には、学校行事として農耕の時間があったのです。前列右に写るのは校長先生で、軍服をモデルに作成された国民服*を着ています。全ての人・モノを戦争のために総動員するという、いわゆる総動員体制*のもとでは、他の国民学校でも児童が労働に駆り出され、校庭の一部が畑になっていきました。淳風国

学校農園での作業風景／1945年

学校農園での集合写真

民学校のように郊外に学校農園を持った例もあります。同校の児童は、京阪神急行の京都駅（現・阪急大宮駅）から桂駅まで電車で移動し、桂の農園で作業に従事していました［写真前ページ左］。

次に、父や兄、先生などの出征を見送る経験をしているということがあげられます。特に、いわゆる出征軍人を出している家庭に育つ子は、学校で特別な扱いを受けました。この「特別」というのは、ちやほやされたという意味ではなく、記念写真を撮るなど特別な計らいがなされたということです。

前に見た紫竹国民学校では、出征軍人の家庭に育つ5・6年生女子を集めて励ましの言葉が校長からあり、その後に記念写真が撮影されています。1945（昭和20）年5月に西陣国民学校で、父が出征している1年生の子を集めて撮影された［写真］では、左奥には校長先生が見え、児童はほとんどがわらじを履いています。このような出征軍人を出した家庭の子を集めた集合写真は、各学校で撮影されていたようです。

＊中等教育の学校（戦前）　旧制中学校（男子校）・高等女学校（女子校）・実業学校（男子校と女子校）など。1948（昭和23）年3月まで続いた（56ページ参照）。

＊東京都長官　1943（昭和18）年に東京都が誕生してから、47（同22）年に地方自治法が施行されるまでの間の東京都首長のこと。現在の東京都知事。

＊国民服　国民が着用すべき服として1940（昭和15）年に制定され、翌々年に国民学校の通学服として採用され始めた。男子用は広まったが、女子用は広まらなかった。

出征記念写真

＊総動員体制　→国家総動員法（27ジペー）

勉強よりも労働を──学童集団疎開

軍事情勢が切迫してきた1944（昭和19）年6月30日、「学童疎開促進要項」が閣議決定されました。これ以降、全国の都市部で学童集団疎開（以下、集団疎開）が始まり、京都市では翌年3月から4月にかけて、111校の児童約1万4千人が、第一次疎開に出発しました。

では、幼い子どもが家族から引き離される集団疎開は、いったい何を目的になされたのでしょうか。

一般的には、「児童を空襲の被害から守るため」と説明されることが多いようです。しかし現実には、集団疎開とは「学童ノ戦闘配置」（48ジペー参照）の究極の姿でした。つまり、戦争遂行のために最も合理的で効率の良い方法だとされたのが、集団疎開だったのです。詳しく見ていきましょう。

集団疎開の狙いは、大きく分けて三つありました。まず、空襲の際に子どもが消火の足手まといにならないようにするため。当時は防空法という法律があり、空襲で家が焼けても逃げることは禁止され、その場で消火活動に当たらねばなりませんでした。

淳風国民学校・長林寺寮での朝の勤労／1945年

次に、将来の戦力である「少国民」（児童のこと）を温存するため。男子は将来の軍人、女子は将来の「銃後の守り」を担う者と考えられていました。

三つ目は、児童を労働力として活用し食糧を増産するためです。この「食糧増産のための集団疎開」という発想は、48ページで紹介した学校農園での農耕に源流を持ちます。児童たちは、食糧増産という任務を課せられたのです。ゆえに疎開先では、勉強している写真よりも畑仕事をしている写真の方が多く残されています［写真前ページ］。

また、疎開先で教員が記した寮日誌からは、勉強時間よりも作業時間の方が圧倒的に多かったことが分かります［写真右］。つまり、疎開先は勉強をする場所である以上に、労働をする場所だったのです。

しかしそれでも、児童たち自身が食べるものは少なく、皆やせ細っていきました［写真左］。

「鬼畜」から「やさしい進駐軍」へ

1945（昭和20）年8月15日のいわゆる玉音放送とその後のニュースなどで、国民に広く敗戦が伝えられました。しかし、戦時中の価値観がすぐに改められたわけではありません。翌16日、京都市の緊急全市学校長会議での

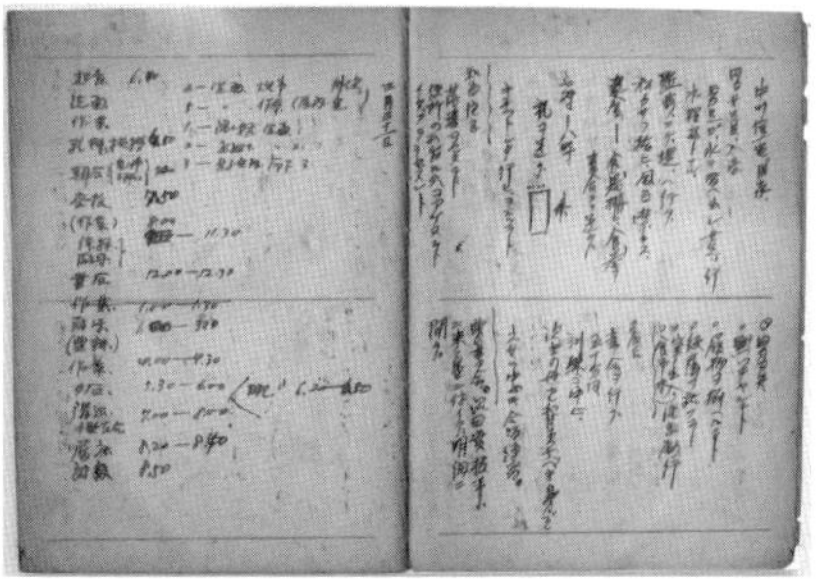

「寮日誌　淳風疎開長林寺寮」／1945年3月、淳風国民学校

教業国民学校（現在は洛中小に統合）・少林寺寮前での記念撮影／1945年

京都府知事の訓示に「皇国再建の途は教育にあり」とあるように、「皇国」という意識は揺るがなかったのです。

戦時の教育方針が改められるのは、同年9月11日に府から戦時関係諸訓令廃止の通牒《ちょう》が出されてからです。

それ以上に、特に重要な転機となったのは、同月末から占領軍である連合国軍*が進駐を開始したことです。連合国軍といっても、内実はほとんどアメリカ軍でした。この進駐軍を目の当たりにするころから、敗戦が実感をともなったリアルなものになっていきます。

連合国軍が京都に進駐するにあたって、先生が危惧することがありました。児童が進駐軍に不作法をはたらくのではという心配です。なんといっても、40日前まで「鬼畜米英」と教えていたのです。

対策としてまずなされたのが、9月25日ごろから10日ほどの休校（登校禁止）でした。日数は学校によって1日前後の差がありますが、市内全ての国民学校に適用されます。つまり、児童を外に出さないようにする、ということです。しかし実際は、児童は進駐軍にチョコレートやチューインガムをもらい、揚げ句の果てには親が児童に食べ物をもらってくるように言ったケースもあったようです。10月3日の全市校長会議では、このような問題行動への対策が話し合われています［写真次ページ］。

『週刊少国民』1945年9月29日号

『週刊少国民』1945年10月14・21日号

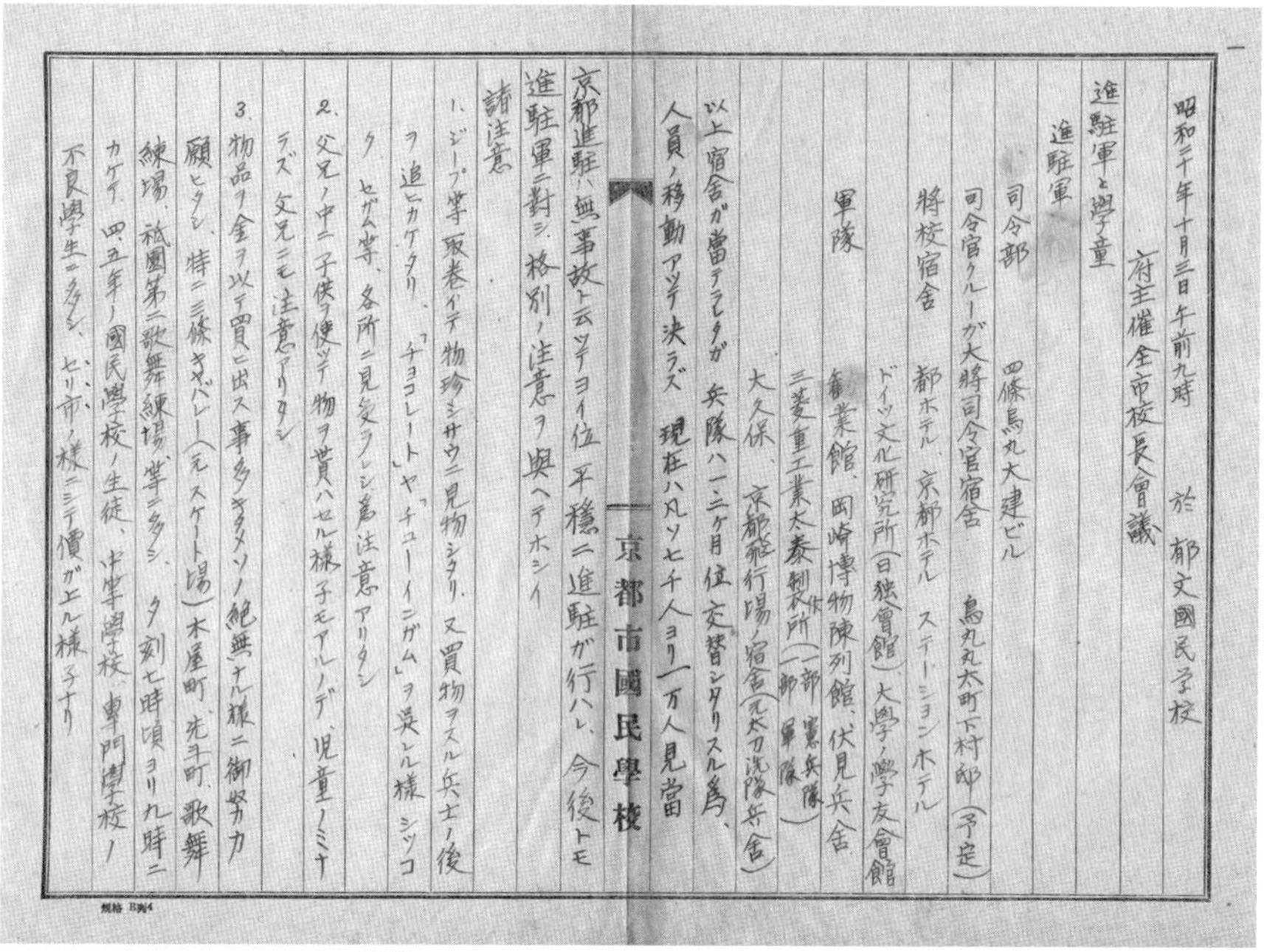
昭和二十年十月三日午前九時　於　郁文國民学校
府主催全市校長會議
進駐軍ト學童
進駐軍
司令部　四條烏丸大建ビル
司令官クルーガ大將司令官宿舎　烏丸丸太町下村邸（予定）
將校宿舎　都ホテル、京都ホテル　ステーションホテル
ドイツ文化研究所（日独會館）大學ノ學友會館
軍隊　勧業館、岡崎博物陳列館、伏見兵舎
三菱重工業太秦製作所（一部憲兵隊　一部軍隊）
大久保　京都飛行場ノ宿舎（元大刀洗隊兵舎）
以上宿舎ガ當テラレタガ　兵隊ハ一、二ケ月位交替シタリスル爲、
人員ノ移動アツテ決ラズ　現在ハ凡ソ七千人ヨリ一万人見當

京都市國民學校

京都進駐ハ無事故ト云ッテヨイ位平穏ニ進駐ガ行ハレ、今後トモ
進駐軍ニ對シ格別ノ注意ヲ與ヘテホシイ
諸注意
1、ジープ等取巻イテ物珍シサウニ見物シタリ、又買物ヲスル兵士ノ後
ヲ追ヒカケタリ、「チョコレート」ヤ「チューインガム」ヲ呉レル様シツコ
クセガム等、各所ニ見受ケラレ爲注意アリタシ
2、父兄ノ中ニ子供ヲ使ッテ物ヲ貰ハセル様子モアルノデ、児童ノミナ
ラズ父兄ニモ注意アリタシ
3、物品ヲ金ヲ以テ買ヒ出ス事多キタメソノ絶無ナル様ニ御努力
願ヒタシ、特ニ三條キャバレー（元スケート場）木屋町、先斗町、歌舞
練場、祇園第二歌舞練場、等ニ多シ、夕刻七時頃ヨリ九時ニ
カケテ四、五年ノ国民学校ノ生徒、中等学校、専門學校ノ
不良學生ニ多シ、セリ市ノ様ニシテ價ガ上ル様子ナリ

1945年10月３日に下京区の郁文《いくぶん》国民学校（現在は下京中に統合）で開かれた府主催全市校長会議の資料

注目すべきは、学校外でも子どもを徹底的に「教育」する姿勢があったことです。例えば『週刊少国民』という雑誌の表紙には、９月末まではたくましく生きる児童（と食糧増産）がイメージ化された写真が用いられているのに対し［写真52ページ右］、連合国軍の進駐が始まってからは、談笑する進駐軍を写したやさしい進駐軍をイメージしたものになります。

さらにその直後の号では、児童が笑顔で進駐軍と会話している表紙になります［写真52ページ左］。このようにして、進駐軍は「鬼畜」ではないと「教育」されていったのです。教科書の軍国主義的なところに墨が塗られていくのは、この後のことでした。

＊連合国軍　第二次世界大戦での戦勝国側の軍隊の総称。日本に進駐し日本を占領（間接統治）した連合国軍は、アメリカ軍人が圧倒的多数を占め、占領下の日本では進駐軍という通称で呼ばれた。

戦後の食糧増産と児童

戦争末期は、物資不足の中で食べる物がなく、麦わらを粉にして小麦粉で固めただけのいわゆる黒パンが給食で出されるなど、今日では口にすることのないものが児童の食べ物でした。

「櫻井駅跡にふるふ鍬」の記事／『週刊少国民』1945年9月16・23日号

ただし、終戦後すぐに食糧難が解消されたわけではありません。51－52ページで述べた1945（昭和20）年8月16日の緊急全市学校長会議では、知事より「皇国再建」のための食糧増産強化の方針が伝えられます。

配給の遅れや激しいインフレ、軍人の引き揚げなどで、戦中よりも食糧状況は悪化していきました。食糧増産は、敗戦国日本が直面した大きな課題で、飢えと栄養不足は戦時中をしのぐものになっていったのです。同年9月の雑誌『週刊少国民』には、終戦後の食糧増産を象徴する写真が掲載されています。「桜井駅跡にふるふ鍬」と題されています［写真前ページ］。

桜井駅とは、『太平記』において、楠木正成が足利尊氏の大軍を迎え討つため子の正行《まさつら》と別れたとされる場所です（現・大阪府島本町）。戦前の楠木正成は、南朝の天皇を守るために戦った忠君の烈士として描かれ、桜井駅は修身などの教科書に載り遠足の定番コースでした。

このように1カ月前まで聖地のような扱いを受けていた桜井駅跡とされる場所の近くの公園に、終戦直後に児童が鍬を下ろし、開墾しているのです。「青葉報国農園」と命名されたこの畑は、近くの国民学校5年生以上約600名が毎日、一人一日半坪開墾したとされ、総面積は1万数千坪と書かれています。真偽のほどは分かりませんが、このように児童を労働へと向ける「教育」的記事が掲載されたということ自体が、当時の様子をリアルに映

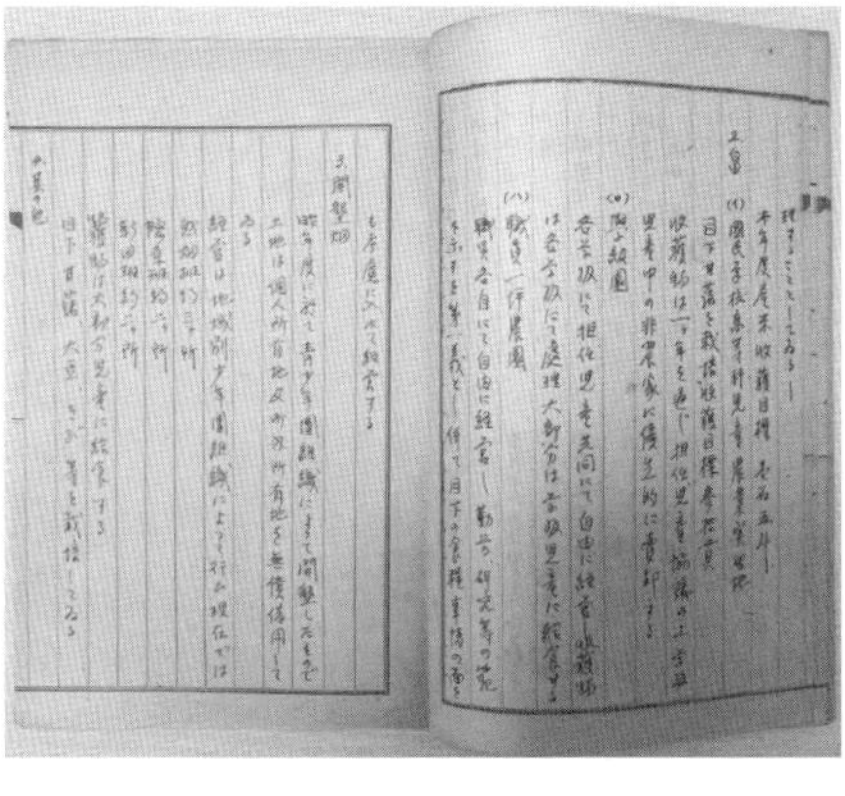

本年度食糧増産学校農場経営機構／1946年10月『本校教育之概要　宕陰国民学校　宕陰青年学校』より

し出しています。

　一方、京都市でも児童が労働力として動員され続けていました。各学校のグラウンドに作られた学校農園は終戦後もそのまま農園として耕し続けられたのです。特に山間部の学校では盛んに開墾が進められたようで、1946年の宕陰《とういん》国民学校（現在の宕陰小・中）では甘藷《かんしょ》（サツマイモ）、大豆、キビなどが栽培されていたとの記録が残っています［写真前ページ］。

教育史上の大改革――新制中学校の誕生

　終戦後、日本に進駐していた連合国軍はさまざまな教育改革を日本に指示し、中でも中等教育の改革はこれまでの制度を根本から改めるものでした。戦前の尋常小学校卒業後の進路は、男女別にさまざまに分かれる分岐型でした。例えば、進学を見据えた男子のエリートコースは旧制中学校、ノンエリートコースは高等小学校や青年学校*、といった具合です。それが1947（昭和22）年度以降は、義務教育が15歳まで延長された上に、公立は男女共学になったのです。

　京都市では同年5月5日に新制中学校が一斉にスタートします。ただし、戦後の混乱期に新しく義務教育の学校を設置するのは、至難の業でした。

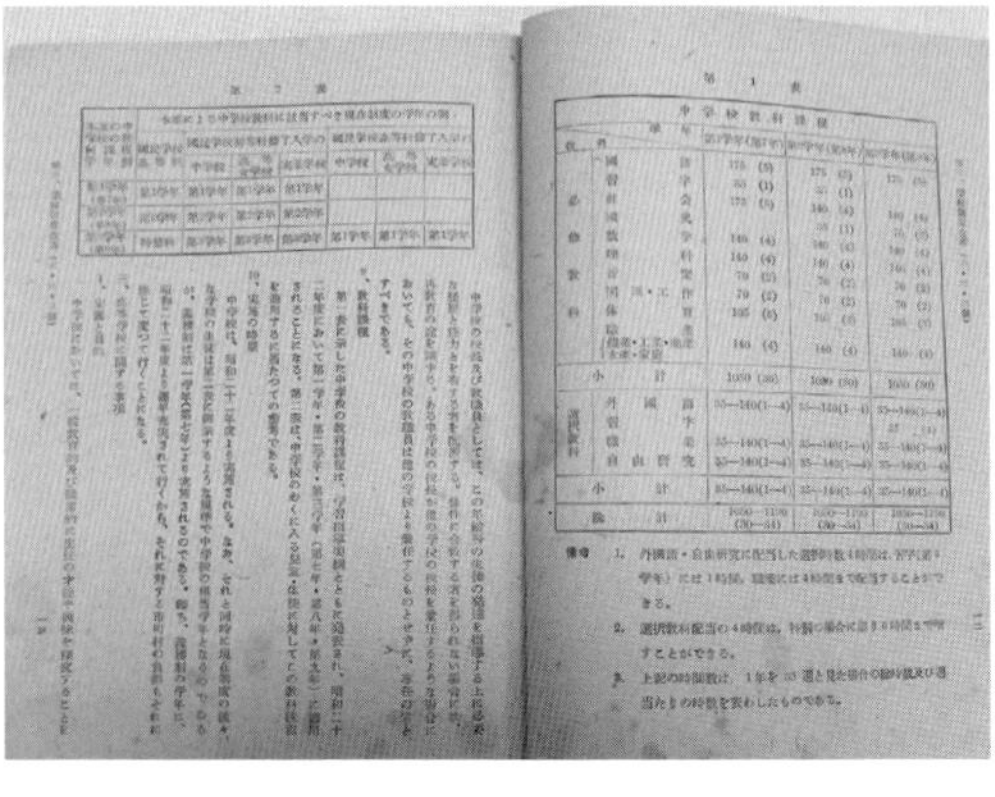

「新学校制度実施準備の案内」／1947年2月

しかも、その準備期間は数カ月しかなく、文部省から地方長官に「新学校制度実施準備の案内」〔写真前ジペー〕が送付されたのは同年2月17日付でした。いったい新教材や教員どころか、校舎の準備すらままならない状況でした。いったい新制中学校は、どのような校舎でスタートしたのでしょうか。

【小学校を転用したケース】

嘉楽《からく》中や柳池中、尚徳《しょうとく》中（現在は下京中に統合）など市の中心部に多いのが特徴です。これらの学校の多くは、戦中に国民学校高等科（現在の中学1、2年に該当）単独の学校になっていました。また、上京中・洛東中（現在は東山開睛館に統合）は創設当時から高等小（高等科）単独校でした。

【中等教育の学校を転用したケース】

市立第二商業学校から転用の北野中、府立第五中から転用の上桂中（現・桂中）などが該当します。小学校からの転用に比べて、グラウンドが広いのが特徴です。新制高等学校の設置問題（58－60ジペー参照）などと複雑にからみあい、市立第一中から転用の壬生中（現・松原中）のように複数の学校が同一校舎に同居することも多々ありました〔写真〕。

【新設】

陶化中（現在は凌風小・中に統合）や山科中、醍醐中など、郊外の新制中学校のほとんどが該当します。当初は近くの小学校併設でのスタートが多く、

校門に複数の門標が並ぶ。右から旧制「市立第一中学校」、旧制「市立松原商務学校」、新制「市立第一中学校附設中学校」、新制「壬生中学校」／1948年3月

しかも単独校舎が設置されてもそれは突貫で造られた木造のいわゆる「6・3校舎」（義務教育6・3制にちなんだあだ名）でした［写真］。その上、グラウンドの整備と設置は、生徒自らの手で進められた学校が多かったようです。

＊青年学校　1935（昭和10）年から終戦後まであった、尋常小学校卒業後に主に働きながら学ぶ人のための男女別学の学校。設立当初は小学校や工場などへの併設型が多かったが、後に独立校舎が増加。男子の青年学校は軍事教練が中心で、39（同14）年に男子のみ義務教育化された。

新制高等学校の誕生と「高校三原則」

新制中学校が誕生した翌1948（昭和23）年には、同じく進駐軍の意向のもとに、再び公立中等教育の改革が断行されます。新制高等学校（以下、新制高校）の誕生です。

京都府内で新制高校の母体になったのは、旧制中学校や商業学校・工業学校、高等女学校などでした。これらの学校を、有無を言わさず全て制度上は廃校にして、48年4月に一斉に誕生したのが新制高校だったのです。

しかし、このときに誕生した新制高校は男女別学のままであるなど、連合

山科中の「6・3校舎」／1951年

国軍の意向が十分には反映されていませんでした。ゆえに、同年10月に府内全域で再び改革が断行されます。その結果、市立中京《なかぎょう》高校［写真］など、48年の4月から10月までの半年間しか存在しなかった、なかば「伝説」のような学校も生まれました。

この二度目の改革では、小学区制（地域制）・総合制・男女共学制という、後に「三原則」と呼ばれる制度が導入されました。

小学区制とは、住んでいる場所で入学する学校が決まる制度のことです。総合選抜制も併用された京都市・乙訓地域では、15歳人口の増減や新設学校の誕生などで入学年ごとに通学区が変わるのが特徴で、特に１９７５（昭和50）年から84（同59）年までは毎年激しい校区変動がありました。小学区制は85年にⅠ～Ⅲ類からなる通学圏制度に移行しました。

総合制とは、商業高校や工業高校などを置かず、できるだけ全ての高校に商業課程や工業課程を設け、多様な生徒が同じクラスでともに成長することをねらった制度のことです。例えば、市立第一工業学校は普通・商業・工業の３課程を持つ新制の市立洛陽高校（現在は京都工学院高に統合）になり、工業学校ではなくなりました。しかし、この制度には、本格的に実施するには多額の費用がかかるなど問題が多く、早くも１９５４（同29）年には課程の統廃合が行われ、63（同38）年には市立西京商業高・洛陽工業高・伏見工

市立中京高校１年１組の集合写真／1948年10月

中京高は元・市立第一中で、男子校。校舎は堀川高等女学校の後継である市立堀川高（48年10月まで女子高）に同居したため、プレートは女学校のままだ

業高が誕生します。

男女共学制は、連合国軍の地方軍政部による管理が厳格だった京都では特に徹底されました[写真]。ゆえに、京都では公立高校の男女共学が「当たり前」だと思われています。しかし、北関東や東北、九州などでは戦後の同じ時期に公立の男子高・女子高が誕生し、そのうちいくつかの高校は現在でも男女別学のままです。

このような地域差が生じた原因は、連合国軍の地方軍政組織が東西で分かれていたことと、同じ西日本でも地方軍政部（第一軍団軍政部）の司令部が置かれた京都からの距離による差だと考えられます。特に京都府軍政部教育課長ケーズ（Cades,E.R.、在１９４７年10月～49年７月）は、新制中学校・新制高校の発足にあたって豪腕を振るい、その名は今日まで語り継がれています。

(1) 昭和23年12月24日 西京學園新聞

アディユー・一九四八年

さらば苦難の年

母校創建の暁鐘鳴り響く

男女共学も軌道に

われらが學舍

軍政部 自治会 新聞 講習

四十五校代表集る

青春を捧げん

自治会委員長 安福彦彌

『西京学園新聞』創刊号／西京高校、１９４８年12月

第四章　高等女学校と女学生

高等女学校の誕生

高等女学校（以下、高女）とは、明治時代中期に誕生し、1948（昭和23）年3月まで続いた女子のための中等*普通教育の学校です。高女に入学したのは主に現在の中学1年生にあたる満12歳で、主に4～5年学びました。入学するには入試を突破せねばならず、公立高女の入試は難関でした。教育内容は現在とは異なるところが多々ありますが、おおよそ現在の中学後半から高校の内容にあたります。

京都における高女の起源は、1872（明治5）年4月《旧暦》に鴨川のほとりである土手町丸太町に設立された、新英学校及女紅場《にょこうば》です。「女紅」とは「女巧」と同義で、女紅場は女性の職業学校という意味です。校門［写真］は、開校前にこの地にあった旧九条家河原町邸の門が使われています。

1876（同9）年に京都女学校及女紅場と改称、6年後に女紅場が廃止され、京都女学校は京都府女学校と改称されました。中学校令が施行された87（同20）年に京都府高等女学校と改称、府内で最初の「高等女学校」を名

新英学校及女紅場の校門／『京都府誌　上』より

乗りました。高女が初めて法令で定義づけられたのは91（同24）年の中学校令改正においてなので、京都府高女はそれよりも4年ほど早く「高等女学校」を名乗ったのです。当時はまだ制服が無く、着物を着用しており［写真次ページ］、高女生は非常に格式高い存在でした。

1900（同33）年、京都府高女がのちの鴨沂高校の地（寺町通荒神口下ル）に移った際、校門［写真］と茶室も移築されました。

＊普通教育　商業や工業などの実業教育に対して、非専門的な教育のことをいう。今日での普通科での教育がこれに該当する。高女は普通教育の学校だと位置づけられてはいたが、実態は裁縫や手芸の授業が多かった。

高女の増加と卒業記念作品

1890年代にはまだ新奇な存在であった高女は、1900年代初頭に各府県に設置され、その後1910年代にかけて急増しました。高女を初めて本格的に定めたのが、1899（明治32）年に公布・施行された高等女学校令でした。

この法令で、高女はそれまでの女学校とは異なる、国の法令で定められた格式の高い女学校として正式に位置づけられたのです。同令が施行されてか

京都府高等女学校の校門／『京都府誌　上』より

らの10年間で、京都市内では高女が6校誕生します。同時期には、全国的にも都市部で高女の設置が進みました（『文部省年報』各年度より）。

京都にはすでに京都府高女があり、1904（同37）年には府立第二高女（現・府立朱雀高）が開校します。同時に京都府高女は府立第一高女と改称、いわゆる「府一」「府二」の誕生です。その4年後に市立高女（のちの堀川高女、現・堀川高）が開校します。

私立では、京都淑女女学校（1953年閉校）、菊花《きっか》女学校（1948年閉校）、精華女学校（現在の京都精華学園中・高）が高女に昇格。中には文中女学校（現在の京都女子中・高）のように、すでに開校していた私立京都高女を吸収合併し高女に昇格したケースもあります。

これらの高女では、卒業時に卒業記念作品が制作されたようです。作品の体裁は学校によって異なりますが、おおよそ、A3横サイズ余りの画帖が用いられていたと思われます。

市立堀川高女の「第二回本科卒業生記念帖」［写真viiページ上］、精華高女の「第一回卒業生紀念書画帖」［写真viiページ中］は、どちらも高質な和紙に描かれ保存状態が良く、現在でも色あせていません。制作したのは本科4年生で、現在の高校1年生にあたります。

高女生の集合写真／1895年ごろ

和装から洋装へ——高女生の制服

1899（明治32）年に高等女学校令が施行され、都市部で高女生が急増し始めると、えび茶色のはかま姿をした高女生が俗に「えび茶式部」と呼ばれるほど、はかま姿をシンボルとした高女生が話題となりました。

高女生の制服が和装から洋装（セーラー、ブレザー）に替わるのは、大正後期の1920年代からです。［写真左］は、1920（大正9）年に制定された日本初とされるセーラー制服（冬服）で、学校は平安高女（現在の平安女学院中・高）です。デザインが好評で、他校生から羨望《せんぼう》視されていたようです。また、当時は体操着が定められておらず、体育や運動会が制服姿のまま行われており、はかまよりも機動性に富むセーラー制服は実用的でした。平安高女では1929（昭和4）年に冬服には赤いスカーフ［写真右］、夏服には青いスカーフをネクタイ結びすることに加え、体操着としてちょうちんブルマーを着用することが決められました。

京都市内の高女では、平安高女でセーラー制服が導入された1920年以降の十数年間で、制服の洋装化が急速に進みます。中には、市立第二高女（のちの市立二条高女）のように体操着だったチュニックが制服になるケースや、京都高女のように当時の制服が現在の制服（中学）にほぼそのまま引き継が

日本初とされるセーラー制服（左）とレプリカ／平安女学院蔵

れている学校もあります。一部の学校では改造制服も流行したようです。

ここでは1920（大正9）年と30（昭和5）年ごろの、府立第二高女の卒業記念写真を比較してみましょう。［写真］の左が20年、右が31年ごろの卒業記念写真です。和装から洋装への変化が高女生のイメージを大きく変えたことが分かります。洋装制服の方は今でも制服として違和感がありません。

また、当時の高女生の日記や回想、写真からは、30年代には制服だけではなく、授業形態、休み時間の過ごし方などが、現代とさほど変わらないものになっていたことが分かります（67－68ページを参照）。

個性あふれる高女の学校建築

第一章で述べたように、京都市の小学校建築はたいへん趣深いのですが、高女も個性あふれる学校建築を有していました。

1899（明治32）年に開校した顕道《けんどう》女学院は、改称・移転を経て1910（同43）年に統合によって京都高女となり、14（大正3）年に現在の京都女子学園（東山区）の地に移転しました。移転直後は簡素な木造校舎でしたが、次第に生徒数が増加し、校舎の拡張が進みました［写真次ページ右］。右奥の建物は錦華殿《きんかでん》といい、1898（明治31）年に西本願寺第22代門主・

京都府立第二高女の1920年（左）と31年の卒業記念写真

大谷光瑞《こうずい》と妻・籌子《かず》の新居として建てられ、１９２０（大正９）年に現・京都女子学園の地に移築されたものです。老朽化のため81（昭和56）年に解体されましたが、２０００（平成12）年に京都女子学園のシンボルとして復元再建されています。

また、１９０４（明治37）年に因幡堂内に開校した高等家政女学校（現在の京都文教中・高）は、幾度の閉校の危機を乗り越えて、16（大正５）年に大雲院内（四条通寺町下ル）に拡張移転、24（同13）年に高女に昇格しました。当時の校門には、昇格前の「高等家政女学校」と昇格後の「家政高等女学校」の門標がついています。

このころ、家政高女は生徒数が急増し、第3代校長・大島徹水《てっすい》の尽力によって１９３４（昭和９）年に左京区の現在地に移転、３階建ての鉄筋校舎が建てられました［写真左］。この鉄筋校舎は現在でも使用されており、同じく戦前に建てられた平安女学院中・高の校舎とともに、貴重な高女の学校建築となっています。

現代のような学校風景の成立

高女は、１９１０年代に全国的に急激に増加し、20年ごろには生徒数で

家政高女。この校舎は現在も使われている／1934年、京都文教中・高蔵

京都高女・京都裁縫女学校。右奥は錦華殿／1921年、京都女子学園蔵

男子の中等普通教育機関である旧制中学校を上回りました。その一因は、1910（明治43）年に実科高等女学校という、授業の約半数を裁縫系が占める高女の設立が認められたことにあります。

ただし、京都市内では実科ではない高女が主流でした。当時唯一の実科高女だった華頂《かちょう》実科高女（現在の華頂女子中・高）も、1915（大正4）年に高女に昇格したわずか4年後に、華頂高女に改組しています。いわゆる花嫁学校として有名だった家政高女は、24（同13）年の高女昇格当時から実科ではありませんでした。伏見市の京都市編入で31（昭和6）年に移管された市立伏見実科高女が、京都市内で唯一の実科高女になります。

高女というと、「過去の遺産であり、現在の中学・高校とはまったく異なっている」と思われるかもしれません。しかし、1930年ごろから40年代初頭にかけての写真を見ると、当時すでに都市部では現在のような授業・通学風景が成立していたことが分かります。

［写真viiページ下］は、1938（同13）年の京都高女における運動会でのフォークダンスの様子を、校舎から写したものです。戦後の新制中学・高校での風物詩であるフォークダンスは、戦前の高女においてすでに広まっていたのです。

［写真］は、1941（同16）年の市電「堀川蛸薬師（女学校前）」停留所

市電停留所「堀川蛸薬師（女学校前）」

です。下校時に撮影され、電車を待つ堀川高女の女学生が象徴的です。

これらの他、授業中や職員室の写真、学校生活に関する証言、ノート（堀川高女2年生の白地図帳）［写真］、教科書への書き込みなどから、1930年代には現代風の学びやが成立していたことが分かります。

へちま襟の制服ともんぺの着用―戦時下の高女生

女学生といえば、きらびやかで上品なイメージがあります。しかし1937（昭和12）年に日中全面戦争が始まり、さらに41（同16）年12月に対米英戦に突入したことで、戦時下の女学生たちはこのような明るいイメージとはほど遠い生活を余儀なくされます。

まず、1938（同13）年から、夏休み期間に3～5日の勤労作業が課せられます。翌年には勤労作業が正規の授業時間にも行われるようになり、これは授業に準じた扱いをされるようになりました。ただし、これらの作業は学生・生徒を労働力として期待してというよりも、勤労を通した精神教育のためとして実施されました。

1940（同15）年からは「ぜいたくは敵だ」という風潮が強まり始め、あらゆるものの画一化・均一化が始まります。翌年12月の対米英開戦はこの

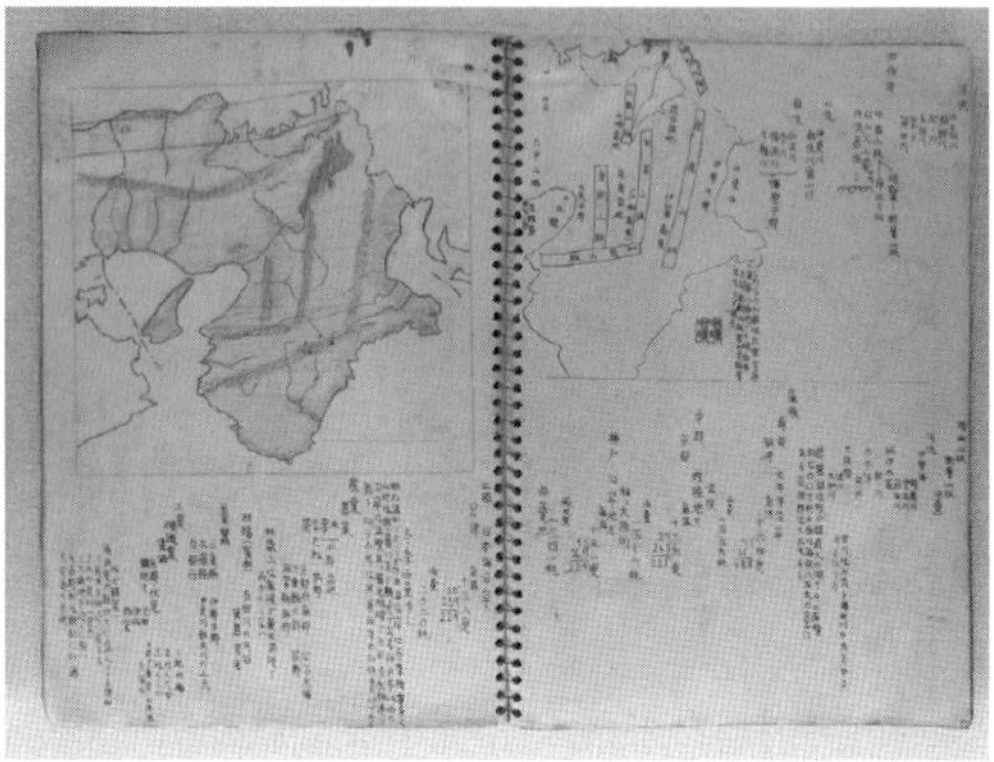
近畿地方の地理や産業が書き込まれたノート

風潮をさらに後押しし、一部の例外を除いて、制服からスカートが消え、もんぺの着用が義務付けられます。上着も、全女学校で統一された、へちま襟の個性のない制服に代わります。

［写真右］は、１９４２（同17）年２月に明徳高女（現・明徳高）の女学生が東山区の京都霊山護国神社を参拝したときの様子です。このようなイベントがあること自体が戦時下の特徴なのですが、服に注目すると、上がセーラー、下がもんぺになっています。制服にあこがれて高女に入った女学生たちは、戦争が終わるまで、あこがれの制服を着て登校することができなくなったのです。

１９４３（同18）年６月の「学徒戦時動員体制確立要綱」により、本格的な学徒勤労動員（学徒＝学生・生徒の略称）が始まります。この後、矢継ぎ早にこの「学徒動員」に関する要綱や法令が定められ、女学生たちは各学校・学年で決められた工場等へと動員されます。［写真左］は、工場に配属された家政高女の女学生です。頭には工場の帽子、右胸には「学」の字のバッジを付けています。さらに、各高女には学校工場が設けられ、校内での動員も行われました。［写真次ページ右］は、平安高女の学校工場です。女学生たちが「神風」と書かれた日の丸の鉢巻きをしていることが分かります。

１９４５（同20）年８月に終戦を迎え、翌月、高女生たちは勤労動員から

京都霊山護国神社を参拝する高女生／明徳高蔵

三菱工場での勤労動員の制服／１９４４年ごろ、『家政学園創立七十周年記念誌』より

解放されて学びの場に戻ります。しかしその2年半後の48（同23）年3月、高女は制度的に終わりを迎え、高女生たちは新制高校、もしくは当時だけ存在した旧制入学者のための「附設（併設）中学校」に転校しました。また、このときすべての公立高女の校舎が新制中学または新制高校へと転用されました。市立二条高女の校舎は市立二条中に転用され、85（同60）年に本館校舎が建て替えられた際には元二条高女の校舎がモチーフにされました。［写真左］の二条高等女学校跡記念碑は、二条高女の同窓会「此の花同窓会」によって二条中の校門を入ってすぐのところに80（同55）年に建立されました。

二条高等女学校跡記念碑／二条中学校

学校工場の様子／1944年、『写真で見る125年史　平安女学院』より

第五章 特別支援教育のあゆみ

脇田良吉と春風倶楽部

今日のいわゆる特別支援教育*は、これまで「障害児教育」や「養護教育」、「特殊教育」など、さまざまな呼ばれ方をしてきました。また、教育の方法や制度も、時代によって大きく変わってきました。

京都における特別支援教育は、上京十九区小学校（のちの待賢《たいけん》小、現在は二条城北小に統合）の教師・古河太四郎による聾《ろう》教育を初めとし、１８７８（明治11）年には古河らの尽力により京都盲唖《もうあ》院*が開設されます。

一方で、知的障害のある子どもらを対象とした教育は、１９００年代初頭の淳風尋常小に始まります。同校校長中川至の理解のもと、特殊学級の担任箕田助五郎とともにその教育に取り組んだのが、後に白川学園の園長となる、脇田良吉でした。その背景には、このころ、全国的に尋常小学校児童就学率が急上昇し、「心身発育の状態に異状ある」がゆえに他の子と協力して「進歩」することができないとされた子どもたちの教育が課題となっていたことが挙げられます。京都府教育会という教員組織がそれらの子について初めて調査を実施したのは、1902（明治35）年でした。

いち早く障害のある子どものための教育に取り組んでいた脇田は、1905（同38）年、京都府に公的な特別学級設立を建議しますが、前例がないということで、受け入れられませんでした。公設できないなら私設で、ということで、脇田は翌年9月に、松原通以南11校の校長および学務委員を後援として、淳風小に私設の「特殊教育」学級である春風倶楽部《しゅんぷうくらぶ》を立ち上げます［写真次ページ］。

翌年春、脇田は東京の楽石社に「特殊教育研究部」創設のために招かれ、東京帝国大教授・元良《もとら》勇次郎（同志社英学校出身）、楽石社社主・伊澤修二のもとで、「精神操練」の研究と実験に取り組みます。その成果は、1908（同41）年5月に著書として刊行され、京都府教育会による白川学園創設を促しました。

翌年7月に創設された白川学園は、当初は公立で、京都帝国大学教授松本亦《また》太郎（同志社英学校出身、元良の後継者、日本心理学会初代会長）との連携のために百万遍の知恩寺内に置かれ、脇田は教員としてその教育実践を担いました。

＊特別支援教育　2007（平成19）年の学校教育法改正により、それまでの特殊教育が特別支援教育に改められた。ただし1992（同4）年に「特殊」という言葉の使用をやめ

趣意書

均しく學窓の下に學び、均しく第二の國民として立つべきものにして、其心身發育の狀態に異狀あるが爲に、他の學友と相携へて共に進歩する能はざるのは、眞に憐むべき兒童ならずや或は其境遇の憫むべく、或は其事情の悲むべきが爲に、各種不良の僻質を助長し、遂に社會に出でゝ人の指彈を招くに至らんとする傾向を有するものあるは、是れ亦實に邦家の不祥事ならずや。甲にありては適切なる個性的教授によりて、正當なる發達を遂げしむることを得べく、乙にありては同情ある個性的訓育によりて、圓滿なる性情を涵養せしむることを得べし。而して現時の學校は、多數の兒童を收容し、主として團體的教育を行ふ所なるが故に、此等の要求に對しては、其便宜を有せざる場合甚だ少からず。是れ學校に於ける普通教育以外、別に特殊教育を必要とする所以なり。吾が春風倶樂部は、此等不幸不運なる兒童の爲に、滿腔の同情を以て、此の普通教育上の欠陥を補ひ、兩々相待ちて國民教育の實績を奏せん事を期せんが爲に生れたり。願くは國家の將來を考へ、兒童の未來を慮るの士君子よ、奮て吾人が微意を賛助せられんことを。

規則

第一條　本倶樂部は特殊兒童の心身をして普通に發達せしめ以て國民教育の補足をなすものとす

第二條　特殊兒童とは心身の發達不充分なるもの及び性行不良の傾向あるものゝ二種とす

第三條　收容兒童は保護者の希望により其兒童在學校長と主任者との交渉の上確定するものとす

第四條　本倶樂部に入會せんとするものは所定の形式により履歴書を差出すべし

第五條　本倶樂部に於ては兒童入會の際心身發達の狀況を調査し之に適當なる學科の復習及び特殊の教育手段を行ふ

第六條　本倶樂部には左の役員を置く

一　主任　壹名
二　教員　参名
三　醫員　壹名
四　顧問　若干名
五　賛助員　若干名

第七條　本倶樂部に於ける役員の任務を定むる事左の如し

一　主任は本倶樂部事業の全體を總轄するものとす
二　教師は兒童教養の任に當るものとす
三　醫員は兒童の身體檢査及び治療の任に當るものとす
四　顧問は本倶樂部の事業に對し監督指導の任に當るものとす
五　賛助員は本倶樂部の事業に對して直接賛助の勞を取るものとす

第八條　本倶樂部は當分の内京都市淳風尋常小學校内に假設す

第九條　本倶樂部に要する一切の經費は篤志家の寄附金を以て之に充つ

役員省略

明治三十九年九月

京都市淳風尋常小學校内

春風倶樂部

春風倶樂部

春風倶楽部の趣意書および規則、1906年／脇田良吉「白川学園」より

た京都市では、法改正後も「特別」を使用せず、総合育成支援教育という独自の取組みを進めている。

＊京都盲唖院　日本最初の、目または耳の不自由な児童のための学校。古河と、上京十九区の区長・熊谷伝兵衛の尽力によって設置された。現在の府立盲学校・府立聾学校の源流。

田村一二と「忘れられた子等」

障害のある子どもたちの教育が権利として認められたのは、日本国憲法にもとづいて1947（昭和22）年に公布・施行された、教育基本法および学校教育法が初めてです。これらの法律では、学校教育の第一の意味を「国家の役に立つ人を育てる」ことにおく戦前の教育思想から、学校教育を「全ての子どもが生存し、幸福を追求するための権利」として位置づける戦後の教育思想への大転換が、理念として示されたのです。

この大転換の歴史的意味を考える上で、特別支援教育史は「特別」な存在などではなく、最も重要な位置にあります。

知的障害により学校教育を受けることができなかった子どもたちを、1940年代初めに「忘れられた子等《ら》」と的確に表現し、その子どもたちの置かれた状況を世に問うたのが、滋野尋常小（現在は京都御池中・上京中に統合）で「特殊学級」を担任していた訓導（正教員）、田村一二《いちじ》でした。

「特別学級」の様子／1936年、滋野尋常小学校

田村は、１９０９（明治42）年、百万遍知恩寺内に白川学園が創設された年に、京都府加佐郡余部町（現・舞鶴市）に生まれました。京都府師範学校（現・京都教育大）専攻科を卒業した33（昭和８）年、滋野小の訓導となり、「特別学級」の担任になります。同校での教育実践記録は、自伝的教育小説『忘れられた子等』として、42（同17）年に刊行されました。

この小説は、「先生の巻」「子供の巻」からなり、表紙絵と挿絵には「特別学級」の児童作品が用いられています。田村は執筆の目的を「彼等の持つ純真性を、無邪気な人間味を少しでも知って貰《もら》ひたい」と記しています。戦後には、続編『手をつなぐ子等』とともに映画化され（前者は稲垣浩脚本・監督、後者は伊丹万作脚本・稲垣浩監督）、さらに小説が復刻刊行されたことで、田村の名は一躍有名になりました。

しかし、戦時下の学校における「忘れられた子等」への教育に限界を感じた田村は、１９４３（昭和18）年に訓導を辞して滋賀県に移り、障害者福祉施設である石山学園を創設します。戦後の46（同21）年には、糸賀一雄・池田太郎とともに、近江学園を創設しました。一方、田村が教育界に残した功績は大きく、戦後、京都市の特別支援教育の広がりに多大な影響を与えました。

田村一二著「忘れられた子等」（初版本）／教育図書、1942年

戦後の「特別学級」

１９２０年代から30年代にかけて、障害のある児童のために京都市の小学校に設置された「特別学級」は、第２次世界大戦下で戦時色が強まる１９４４（昭和19）年度後半から、順次閉鎖されました。

戦後に京都市最初の「特別学級」が設置されたのは、１９４８（同23）年４月、連合国軍による占領下の実験学校（Ｔｒｙ‐ｏｕｔ Ｓｃｈｏｏｌ）に指定されていた中京区の生祥小でした。同年11月には京都市教育委員会が発足し、以後、50年度末までに、市立小11校、市立中８校に、「特別学級」が設置されます［写真右］。

一方このころ、東京では文部省視学官三木安正を中心に、各地の「特別学級」における教育実践を関係者間で共有し、活かしていく取り組みが始まります。その最初の成果をまとめて出版されたのが、『精神遅滞児教育の実際』（牧書店、１９４９年６月）です。そこには生祥小の取り組みが、校長増田春子（日本最初の女性小学校長のうちの一人）、「特別学級」担任熊谷君子、「普通学級」担任上村薫によって報告されています。この書籍の発行日をもって、三木を中心に、特殊教育研究連盟（現・全日本特別支援教育研究連盟）が結成されました。

嵯峨小の「特別学級」／1953年、楠のぼる編『たんぽぽ学級』より

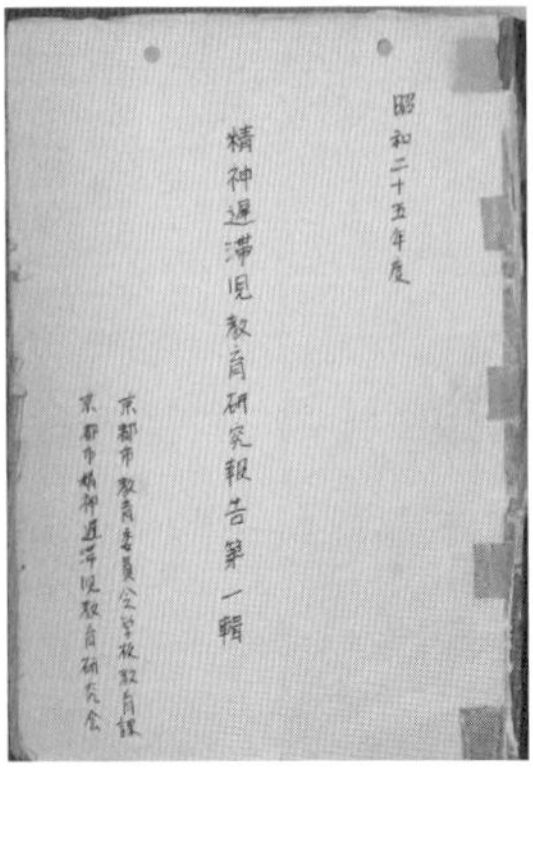
昭和二十五年度
精神遅滞児教育研究報告第一輯
京都市教育委員会学校教育課
京都市精神遅滞児教育研究会

京都市精神遅滞児教育研究会の機関誌『精神遅滞児教育研究報告』第一集／１９５０年

この書籍のタイトルにある「精神遅滞」は、当時の医学用語です（実態にそぐわないので、１９９０年代からは「知的障害」が用いられるようになりました）。京都でも、１９４９（同24）年には「特別学級」と並んで「精神遅滞児学級」という名称が用いられるようになり、その教員組織として、「京都市精神遅滞児教育研究会」が結成されます［写真前ページ左］。

この研究会は、戦前から障害のある児童の教育に取り組んでいた会長高宮文雄（崇仁《すうじん》国民学校「特別学級」の元担任）や南弘（初代指導主事）などに、生祥小の熊谷、仁和小の森脇功など、20代の若手教員が加わって活動が進められました。１９５０（同25）年には、同会で滋賀県の近江学園に赴き、田村一二や糸賀一雄の講習を受けています。

このように、戦後いち早く知的障害のある児童の教育に取り組んだ京都市は、全国から注目され、各学校には多くの視察が訪れるようになりました。

呉竹養護学校の創設

１９４７（昭和22）年に制定された学校教育法では、養護学校における就学義務が明文化されたものの、その施行は延期されました。前述したように、その直後から各学校に、知的障害のある子のための「特別学級」が設置され

千本北大路で呉竹校の子どもたちを乗せた初代スクールバス／１９５８年

ていきます。一方、肢体の不自由な子のために、府内最初の養護学校である市立呉竹《くれたけ》養護学校（現・呉竹総合支援学校）が創設されたのは、それから約10年後の58（同33）年でした。

1950年代前半から、京都市教育委員会で養護学校設置の準備が進められ、56（同31）年春、肢体不自由の児童・生徒のための養護学校設置が京都市議会で採択されます。同年秋には、公立養護学校整備特別措置法が国会で成立。翌年4月に施行され、公立養護学校設置および教員給与に国庫補助が出るようになったことが、この設置計画を後押ししました。

その後、市教委や関係者などで1958（同33）年4月開校を目標に設置場所や規模などが話し合われ、京都学芸大（現・京都教育大）附属桃山中の跡地を買収し、施設を改修した上で開校することが決定されました。こうして創設された呉竹校は、肢体不自由養護学校としては全国5番目の開校でした［写真前ページ・本ページ］。

また、1963（昭和38）年には情緒障害児短期治療施設である青葉寮に教員2名が派遣され、これが「情緒障害」への教育的対応の始まりとされます。66（同41）年には出水《でみず》小（現在は二条城北小に統合）に、75（同50）年には九条弘道小に「難聴学級」が設置され、このころから障害児教育におけるノーマライゼーションの必要性が関係者の間で認識され始めました。

竹ひごで作った飛行機を持つ子どもたち／1960年、呉竹校

東海道新幹線の開通と東京五輪の開催は、１９６４（昭和39）年です。そのころ、一方では全国各地で養護学校が創設されるなど、障害のある子どもたちの教育を受ける権利が、理念だけではなく少しずつ実体を伴い始めていったのです。

院内学級から養護学校へ

京都市内における病弱児童・生徒のための特別支援教育は、１９５２（昭和27）年に小児結核保養所として創設された京都市桃陽学園（現・桃陽総合支援学校）に、創設当初から藤ノ森小の教員が、57年からは桃山中の教員が派遣され、教育にあたったことが始まりとされます。

１９５８（同33）年10月、桃陽学園の学級が正式に藤ノ森小・桃山中の特殊学級となり、児童・生徒の学籍を両校に置くことになりました。

桃陽学園には、いわゆる「ぜんそく持ち」の児童・生徒も通学していました。当時の生徒作文［写真］からは、ぜんそくと闘いながらも通学する心境がうかがえます。１９７２、73年には、病院内の分教室として、国立京都病院（現・京都医療センター）内に小学部・中学部が開設されました。

１９７４（同49）年、ついに桃陽学園の特殊学級が呉竹養護学校桃陽分校

作文「ぜんそく」／京都市桃陽学園『回遊路　昭和45年度』より（生徒氏名は伏せてあります）

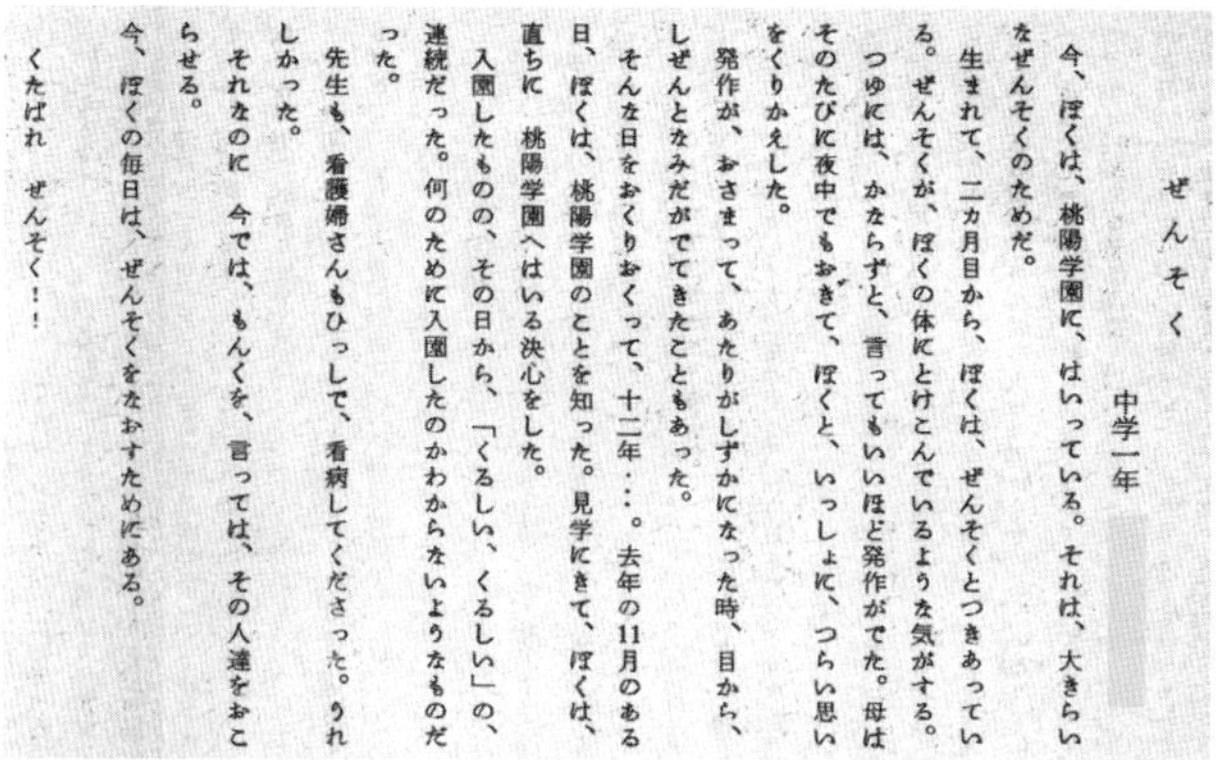

ぜんそく

中学一年

今、ぼくは、桃陽学園に、はいっている。それは、大きらいなぜんそくのためだ。

生まれて、二カ月目から、ぼくは、ぜんそくとつきあっている。ぜんそくが、ぼくの体にとけこんでいるような気がする。

つゆには、かならずと、言ってもいいほど発作がでた。母はそのたびに夜中でもおきて、ぼくと、いっしょに、つらい思いをくりかえした。

発作が、おさまって、あたりがしずかになった時、目から、しぜんとなみだがでてきたこともあった。

そんな日をおくりおくって、十二年・・・。去年の11月のある日、ぼくは、桃陽学園のことを知った。見学にきて、ぼくは、直ちに　桃陽学園へはいる決心をした。

入園したものの、その日から、「くるしい、くるしい」の、連続だった。何のために入園したのかわからないようなものだった。

先生も、看護婦さんもひっしで、看病してくださった。うれしかった。

それなのに　今では、もんくを、言っては、その人達をおこらせる。

今、ぼくの毎日は、ぜんそくをなおすためにある。

くたばれ　ぜんそく！！

となり、79（同54）年には桃陽養護学校として独立発足しました。新校舎（現校舎）への物品運搬は、保護者と教員、運動可能な児童・生徒によって、文字通り「みんなの力」で進められました。

一方、1970（同45）年には宇多野病院内に筋ジストロフィー児学級として、御《お》室《むろ》小特殊学級が開設され、翌年には双《ならび》ケ《が》丘《おか》中特殊学級が開設されました。これらの特殊学級は、75（同50）年に呉竹養護学校鳴滝《なるたき》分校（現・鳴滝総合支援学校）となります。2年後には鳴滝養護学校として独立、同時に高等部を設置しました。

［写真］は、地元の双ケ丘中生との交流会における、卓球バレーの様子です。卓球バレーは、1974（同49）年の第5回近畿筋ジストロフィー症児交歓会スポーツ交流会で実施されて以降、鳴滝校が競技発展の中心となりました。現在、鳴滝校前には、その功績をたたえる記念碑が設置されています。「交流」という言葉が障害児教育の文脈で公的に使用されたのは、78（同53）年の教育課程審議会答申が初めてとされますが、鳴滝校の交流会はそれ以前から行われていたのです。

交流会で卓球バレーを楽しむ子どもたち／1978年、鳴滝校

卒業は「試練と忍耐の始まり」

１９６０年代後半（昭和40年代前半）になると、各校の特殊学級や呉竹養護学校に入学してくる児童・生徒が増加し、入学児童・生徒の障害の重度・重複化、多様化にどう応えるのかが課題となりました。この課題を克服するため、１９７３（昭和48）年、京都市教育委員会内に市立養護学校建設準備室が開室されました。

国でも、同年11月に「学校教育法中養護学校における就学義務及び養護学校の設置義務に関する部分の施行期日を定める政令」が出され、47（同22）年に学校教育法が制定されて以降も延期されていた養護学校の義務制が、79（同54）年になっていよいよ実施されることになりました。

１９７６（昭和51）年、京都市初の知的障害児のための養護学校として、東養護学校（現・東総合支援学校）が山科区に開校しました。一方で、義務教育終了後の進学先として、養護学校高等部の設置も急務となっており、同年、自主通学を原則とする高等部単独の白河養護学校（現・白河総合支援学校）が左京区に開校しました。同校設立の趣旨には、「家庭生活、職業生活に必要な能力・態度を養い、社会自立を目指す教育を行う」とあり、開校３年目には文部省および京都市の研究指定を受けています。78（同53）年には東養護学校に高等部が設置され、就職のための訓練や職場実習がカリキュラムに組み込まれました。しかし、一般的には社会へはばたく明るいイメージが持たれる高校卒業は、養護学校の生徒と親にとっては「親子ともに試練と忍耐の始まり」［写真次ジペー］を覚悟せざるを得ないものでもありました。

１９７９（昭和54）年に養護学校の義務制が施行され、翌年には市内の就学猶予・免除者（障害を理由に学校に通うことを「猶予」「免除」された者）はゼロになります。一方、養護学校の児童・生徒数は年々上昇し続け、加えて市内の交通状況の悪化から、スクールバスの運行時間が長くなり、新たな養護学校の設置を望む声が年々高まっていきました。

そして１９８４（同59）年、市が新たな養護学校の創設を決定し、翌々年に西養護学校（現・西総合支援学校）が西京区の桂坂に開校しました。開校間もない時期の［写真］を見ると、周辺はまだ宅地整備が進み始めたころだというのがよく分かります。

その後、２００４（平成16）年に総合制・地域制の開始にともない北総合養護学校（現・北総合支援学校）が開校、白川総合養護学校・鳴滝総合養護学校に職業科が設置されます。職業科のさらなる充実のために、16（同28）年に東山総合支援学校が独立開校し、京都市立の総合支援学校は合計8校になりました。

西養護学校全景／1988年、『西養護　創立五周年記念誌』より

就職を希って

高等部三年

卒業後の進路。気が重くなる言葉。入学時の胸ふくらむ陽気な気持でなく、一貫した養護教育の最後の仕上げに就職という花を添えて、卒業を迎えてやりたいと日夜思い悩む今日この頃。

社会へはばたく障害児の進む道は険しく、不安な要素となって覆ってくるのです。学校生活は温室で楽しい花園、これからは親子ともに試練と忍耐の始まりで、卒業の喜びに浸っていられない心境です。

前期の進路相談で就職を希望し、適性検査を受けた後、相談室の指導のもとに身体の不自由さを克服し、意欲を起こし方向を持たせて、主体性あるものに結びつけて行く努力と訓練の積み重ねで二学期に入った。職場実習に造花を作っておられる所へ実習生として一週間勤めました。

職場の方達は皆さん優しく指導して頂き、本人も楽しく通勤し、やめても遊びに行きたいと、今でもよく言います。

職場実習は本人が職場に適合するか否か、対人関係はうまく処理出来るだろうか、自分本位の行動をとらないだろうか、後半になると疲れて発作が起きてないかと、帰って来るまで落付かぬ日々の中、担任と進路指導の先生に連絡や報告で一段落、本人の楽しみようは言うまでもありません。この様な楽しい職場へ就職が決まれば、花ひらく春になり喜ばしいのですが、教育の一環として実習を受けられたので、次は事務所の評価や御意見をもとに後期進路相談に入るのですが、雇用促進のために日夜御努力下さっている方々始め、事業所側の受け入れ体制（障害者を雇用した経験、本人を指導する現場の責任者の深い理解）のもとに、〇子を就職させてやりたい希いをこめて探し求めて行こうと決心したものの、現実はなかなか厳しいものです。

進路指導が就職に結びつく障害児の場合には、その子に見合う社会への自立に向けての取組みが、早くからなされることを望みます。

高等部１期生の母親による「就職を希って」／1980年、『育友会報第５号』より（氏名を伏せるなど一部加工しています）

【主な参考文献】

秋山国造『公同沿革史　上』（京都市公同組合聯合会事務所、1944年）
阿部彰『戦後地方教育制度成立過程の研究』（風間書房、1983年）
稲垣恭子『女学校と女学生　教養・たしなみ・モダン文化』（中央公論新社、2007年）
川島智生『近代京都における小学校建築　1869―1941』（ミネルヴァ書房、2015年）
衣笠安喜編著『京都府の教育史』（思文閣出版、1983年）
京都市学区調査会・長塩哲郎編『京都市学区大観』（京都市学区調査会、1937年）
京都市学校歴史博物館『京都市学校歴史博物館常設展示解説図録　第2版』（2014年）
京都市小学校創立三十年紀念会『京都小学三十年史』（1902年）
京都市役所『京都小学五十年誌』（京都市役所、1916年）
京都市立総合支援学校長会・京都市教育委員会総合育成支援課編『輝け　きょうの子どもたち――京都発　障害のある子どもの新たな教育の創造――』（ミネルヴァ書房、2007年）
京都府教育会『京都府教育史　上』（京都府教育会、1940年）
京都精神薄弱者育成会『道しるべ』（1969年）
京都府立総合資料館編『京都府百年の資料　5　教育編』（京都府、1972年）
京都府立福知山高等女学校第三八回生学徒勤労動員を記録する会編『少女たちの「出陣」』（文理閣、1995年）

久津間保治『学童疎開』（かもがわ出版、１９９６年）
小林昌代「校地変更及新校地買収交渉ニ関する書類綴（元立誠小学校蔵）について」『京都市学校歴史博物館研究紀要』（第1号、２０１２年）
小林昌代『京都の学校社会史』（プランニングR、２０１４年）
小山静子『良妻賢母という規範』（勁草書房、１９９１年）
小山静子『子どもたちの近代　学校教育と家庭教育』（吉川弘文館、２００２年）
小山静子・山口和宏・菅井凰展編『戦後公教育の成立　京都における中等教育』（世織書房、２００５年）
坂本清泉・坂本智恵子『近代女子教育の成立と女紅場』（あゆみ出版、１９８３年）
坂本清音編『女性宣教師「校長」時代の同志社女学校　上巻』（同志社女子大学、２０１０年）
佐藤秀夫『学校ことはじめ事典』（小学館、１９８７年）
佐藤秀夫『学校教育うらおもて事典』（小学館、２０００年）
佐藤秀夫『教育の文化史　１　学校の構造』（阿吽社、２００４年）
佐藤秀夫『教育の文化史　２　学校の文化』（阿吽社、２００４年）
菅田洋一郎・藤波高「京都府戦後障害児教育小史（Ⅰ）――昭和20年代における京都府障害児教育の復興――」『京都教育大学教育研究所・所報』（第29号、１９８３年）
菅田洋一郎・玉村公二彦「戦前の京都における障害児教育成立の諸前提（1）」『京都教育大学教育実践研究年報』（第4号、１９８８年）
竹村佳子『写真で見る　京都むかしの小学校』（淡交社、２０１２年）
辻ミチ子『転生の都市・京都　民衆の社会と生活』（阿吽社、１９９９年）

平田勝政「明治期における『精神薄弱』関係用語・概念の研究――『低能児』概念を中心に――」『日本教育史研究』（第15号、1996年）
逸見勝亮『学童集団疎開史　子どもたちの戦闘配置』（大月書店、1998年）
三上和夫『学区制度と住民の権利』（大月書店、1988年）
本山幸彦編『京都府会と教育政策』（日本図書センター、1990年）
森脇功「障害をもつ子の教育をもとめて（上）――特殊教育の歩み――」『現代人』（第32巻第2号、1983年）
米田俊彦『資料にみる　日本の中等教育の歴史　第3版』（東京法令出版、1999年）
和崎光太郎「京都番組小学校における唱歌教育の導入」『京都市学校歴史博物館研究紀要』（第2号、2013年）
和崎光太郎「京都番組小学校の創設過程」『京都市学校歴史博物館研究紀要』（第3号、2014年）
和崎光太郎「京都番組小学校にみる町衆の自治と教育参加」坪井由美・渡部昭男編『地方教育行政法の改定と教育ガバナンス――教育委員会制度のあり方と「共同統治」――』（三学出版、2015年）
和崎光太郎「京都における高等女学校のあゆみ」『京都市学校歴史博物館研究紀要』（第4号、2015年）
和崎光太郎編著『図録　京都における特別支援教育のあゆみ』（京都市学校歴史博物館、2016年）
和崎光太郎「「本校の特別学級」（京都市立生祥小学校　担任　熊谷君子）」『教育史フォーラム・京都』（第11号、2016年）

第二部 美術史

森 光彦

第二部では、京都の市立学校が所蔵し、伝えてきた美術作品を取り上げます。それぞれの作品にまつわるエピソードを紹介し、近代社会における学校・地域・美術の関係性を振り返ります。

第一章 美術受容の場としての学校

学区民の誇り伝える、学校を描いた絵画

1869（明治2）年、京都には全国初の学区制小学校が64校開校しました。子どもたちが学問を学ぶ場でありながら、集会所や警察、消防など多くの機能を持っていた学校は時代の最先端施設。まさに学区の中心で、学区民の誇りでした。

その学区民の喜びが表れているのが、明治初期の「学校を描いた絵画」。学区民によって、小学校の立派な姿を広く伝えるために画家に依頼され、描きとどめられたものです。

1868（明治元）年の京都府布達には「小学校は従来から建物のある所に建て増しして作ること」とあり、黎明《れいめい》期の小学校は学区によって外観が大きく異なっていました。そうした個性的な学校の姿も、絵画によって知ることができます。

その一つ、「開智《かいち》校写生画巻」は現存する貴重な資料です［写真ⅱ㌻上］。描かれたのは1877（明治10）年ごろ。下京第十一番組小学校として建て

られた開智小（下京区）が描かれています。校舎はもと神道黒住派教会所を建て増しして造られました。

　絵は、左右の門柱に横木を渡した冠木門の奥に講堂が描かれ、瓦ぶき屋根には鴟尾《しび》が飾られています。さらに右手にあるのは消防の機能を象徴する望火楼で、小学校の目印だったことが分かります。

「嘉楽校之図」は1877年に画家の久保田米僊《べいせん》によって描かれたものです［写真］。嘉楽校（上京区）は1869年に上京第四番組小学校として開校。その8年後、隣地の般舟三昧院に移転し、寺院の建物を校舎として使っていました。

　最初の門をくぐると、瓦ぶき屋根の大きな門と、左手には楼閣がそびえており、その奥に講堂が描かれています。子どもたちの学びやにと、非常に立派な建物が用意されたことが分かります。この門と講堂は現在、神奈川県鎌倉市の建長寺に移築され、総門と方丈として使われています。

　「嘉楽校之図」は版画にされ、扇面の形式になっていることから、校舎移転の際、祝いの記念品として関係者に配られたものだと考えられます。堂々とした学校の姿が描かれた明治期の絵画は、学校に対する学区民の思いを伝えています。

久保田米僊筆「嘉楽校之図」／1877年、嘉楽中蔵

江戸時代の教育継承示す二学神の掛け軸

京都に初めて小学校が開校したのは１８６９（明治２）年のことです。そして翌年の旧暦1月15日には、現在の始業式に当たる稽古始めの式が執り行われました。

まず、上京第二十七番組小学校（のちの柳池小）と下京第十四番組小学校（のちの修徳小）で式が行われ、上京には京都府権大参事であった馬場氏就、下京には同じく権大参事の槇村正直が出席し、それぞれの学校には上京と下京の代表も集まりました。

式の内容は、町役心得条目の朗読から始まり、聖像への拝礼、儒書の講釈などでした。それが終わると、今度はそれぞれの番組小学校で式が始まり、市中制法の拝読や聖像拝礼が行われました。市中を挙げての大々的なイベントです。

ところで、この稽古始めの式で拝礼された聖像とは、菅原道真と孔子を対にした二学神の肖像を描いた掛け軸でした。稽古始めでの二学神像への拝礼は、１８７０（明治３）年から数年続きましたが、そこで使われた軸が多くの学校に現存しています。

本能小学校（中京区）に所蔵されていた「大聖文宣王・天満大自在天神」［写

中島有章「大聖文宣王・天満大自在天神」／1875年、本能小旧蔵

真」は、1875（明治8）年に制作された作品で、円山派の画家中島有章が手掛けたものです。色鮮やかに表された菅原道真と孔子が謹厳な表情で描かれており、威容を誇っています。140年前に描かれたものでありながら非常にきれいな状態で残っており、学校で大切に保管されてきたことが分かります。

江戸時代、菅原道真は学問の神様として寺子屋などにその像が飾られており、孔子は儒学を教える漢学塾や藩校などで拝されていました。それらが対となった二学神の掛け軸は、江戸時代の教育機関の流れを番組小学校が継いでいたことを示しています。京都の学校では「天神さん」「孔子さん」と親しみをもって大切に祭られてきました。

新しい校舎の完成祝う美術品

京都の市立学校には絵画などの美術作品が多く所蔵されています。画家や地域の人によって学校へと寄贈されたもので、京都を代表する著名画家たちの作品が学校を華やかに飾ってきたのです。

こうした美術作品はどのような機会に寄贈されてきたのでしょうか。特に多いのは、学校の校舎が新築や増改築され、その完成の折に、記念の品とし

千種掃雲「源氏物語図」／1910年、教業小旧蔵

て贈られたケースです。

就学者数の増加に伴い、1872（明治5）年ごろから5年ほどの間に小学校では校舎の新築、増改築が盛んに行われました。下京区の尚徳中が所蔵していた久保田米僊筆「孟母断機図」[写真122ページ]は74（同7）年、同校の新校舎落成を記念して描かれ、画家自身によって寄贈されたものです。

また、1907（同40）年には小学校の尋常科が4年制から6年制となり、各校で教室などの増築が多くなりました。千種掃雲《ちぐさそううん》が描いた源氏物語図の掛け軸[写真前ページ]は、10（同43）年に中京区の教業《きょうぎょう》小学校に贈られ、新しく建てられた講堂の床の間に掛けられていたといいます。

その後、大正から昭和初期にかけて、多くの校舎は木造に替わってコンクリート造りとなり、新しい学びやの完成を祝う作品もたくさん制作されました。

中京区の本能小学校は1921（大正10）年に起きた火災で校舎の大半を焼失しましたが、その2年後、京都で初めてのコンクリート造りの新校舎ができました[写真]。

その際、新しい作法室（礼儀作法を学ぶ教室）を飾るための絵が本能学区出身の画家西村五雲に依頼されました。五雲はイソップ物語から、「うさぎとかめ」の話を題材に「油断大敵」を描き上げ、同校へと寄贈しました[写

市内初のコンクリートによる校舎（本能小）

真Ｖ㌻上］。その後も作法室を訪れては作品に加筆していたといいます。

上京区の桃薗小学校には洋画家、太田喜二郎の作品「麦秋」［写真］が飾られていました。桃薗小は喜二郎の母校。１９３４（昭和９）年の校舎新築記念に贈られました。立派な鉄筋校舎はその後すぐ到来した室戸台風から子どもたちを守りました。

学校所蔵の美術品には、新しい校舎が建った喜びが込められているものが多いのです。

教訓を伝える「姜詩妻」

明治時代から多く寄贈されてきた学校所蔵の絵画ですが、それらは校舎の玄関や式典などが行われる講堂、作法室と呼ばれる礼儀作法を学ぶ教室などに飾られ、学校に通う子どもたちがいつでも見られるようになっていました。その中には、画家自身や地域の人たちが子どもたちのためにと、教育への思いを込めて贈った作品があります。歴史上の人物が特に多く描かれ、その生き方が教訓として伝えられたのです。

中京区室町通蛸薬師下ルの明倫小学校（現・京都芸術センター）には、気品のある美人画で知られた日本画家・菊池契月《けいげつ》の作品「姜詩妻《きょうしさい》」が残ってい

太田喜二郎「麦秋」／１９１４年、桃薗小旧蔵

ました［写真］。

中国の後漢時代、姜詩というたいへん親孝行な人がいました。母親のために、妻と一緒に家から遠く離れた川へ行ってきれいな飲み水をくみ、新鮮な魚をとっていました。するとあるとき、姜詩の家の隣に水が湧き出てきました。しかも、毎朝コイがとれるようになったのです。

この不思議な出来事は、姜詩夫婦の孝行を感じた、天の恵みだったのです。

菊池契月「姜詩妻」／1907年ごろ、明倫小旧蔵

中国の古典『二十四孝』に載るお話です。

契月が描いたのは姜詩の妻。水をくむための瓶を持ってたたずんでいます。画面いっぱいに大きく描かれることで、優雅なたたずまいや穏やかな表情までが丁寧に描き出されています。凛《りん》とした立ち姿、温かなまなざし、やわらかなほほ笑み。人物の持つ雰囲気を的確にとらえる契月の高い技術が見て取れます。

本作は1907（明治40）年ごろに描かれ、明倫小の集会室に飾られていました［写真］。子どもたちは日常の中でこの絵を目にして、心の豊かな人間が持つ美しさを感じたのかもしれません。学校が所蔵していた美術作品には、校舎を美麗に飾る役割だけではなく、観《み》る者の学びの契機となるような、教育的な役割もあったのです。

大教室を飾った特大の掛け軸

京都市内の学校には、長い歴史の中で寄贈された美術作品が多く残されていますが、その中に、非常に大きな掛け軸や屛風《びょうぶ》が見られます。

明治・大正期の京都の学校は和風建築が主流であったため、その校舎を豪華に飾る目的で地元の画家や所蔵家が贈り、床の間を備えた教室などに置か

「姜詩妻」が飾られた明倫小の集会室／1931年

れていました。一般の家庭で飾るには大きすぎるサイズの掛け軸などは、学校の大教室のために特別にあつらえられたものだと分かります。

中京区の立誠小学校（現在は高倉小に統合）に所蔵されていた「公助受父笞図《きんすけちちのむちをうくるのず》」［写真ⅳページ上］もその一つで、表具まで入れると、縦257センチ、横190センチを数える特大の掛け軸です。自《じ》彊《きょう》室、または修身作法室と呼ばれた礼儀作法などを学ぶための教室に掛けられていました［写真］。明治から大正にかけて活躍し、歴史画をよく描いた画家、谷口香嶠《こうきょう》の作品です。

画題は『今昔物語集』に収載される説話の一場面。平安時代の官吏で、弓の名手として知られた下毛野公助《しもつけぬのきんすけ》はある日、賭弓《のりゆみ》という騎射の腕を競う宮中行事において的を外し負けてしまいます。それに怒った父親が公助をむちで打ちましたが、公助は少しも動かずじっと耐えていました。

後でそれを見ていた人が、「どうして逃げずに打たれたのか」と問うと、「父は老齢の身ですから、私が逃げて、父がそれを追って転ぶといけないので」と答えたといいます。作品に描かれているのは父親がむちを振り上げる場面で、緊迫感が画面を包んでいます。

こうした孝行譚《たん》は明治の修身教育において取り上げられ、教科書などに掲載されていました。作品の大きさや教育に関わる画題は、学校所蔵の美術品

立誠小の自彊室（修身作法室）／1928年撮影

の特徴といえます。

子どもたちが学ぶ場に一流の作品を

京都の小学校は全国に類を見ないほど多くの美術品を所蔵しています。優れた絵画などで学びやを立派に飾るという趣向は、近代の京都人がいかに教育を大事に考えていたかを物語っています。校舎を対外的に豪壮に見せるだけではなく、一流の美術を子どもたちの身近に置いて文化を自然に学ばせる効果も持っていました。

画家たちや地元の所蔵家も、学びのためならと作品の寄贈を惜しまず、明治から現代にかけて学校美術品の一大コレクションが形成されたのです。

ありし日の学びやの豪壮さを特に想像させるのは、学校に残された屏風《びょうぶ》の数々です。明治・大正時代の木造校舎では、立派な屏風が家具として間仕切などに使われていました。

そうした中から、ここでは上京区の聚楽小学校（現在は西陣中央小に統合）に所蔵されていた、6曲1双の「和漢故事人物図」屏風を紹介します［写真］。屏風の1扇ずつ、12の画面にそれぞれ6面ずつ日本と中国の歴史人物が描かれており、中国の人物では蜀の諸葛亮孔明や前漢の李広将軍など、日本の

今尾景年・鈴木松年「和漢故事人物図」のうち、「諸葛孔明」（右）と「源義家」／江戸時代後期～明治時代、聚楽小旧蔵

人物は源義家、楠木正成などが登場します。これらの画題として多く選ばれたのは、明治時代に修身や歴史の授業でも学ぶ人物たちでした。

作者は明治時代の京都画壇を代表する画家、今尾景年と鈴木松年《しょうねん》です。鈴木派の同門であった2人が合作し、景年が日本を、松年が中国を担当しています。勢いのある筆致で、表情やしぐさが実に生き生きと表現されており、子どもにとっても歴史人物の理解にとても役立つものだったのでしょう。本作は聚楽小の集会室に飾られ、長年親しまれました［写真］。

昭和時代になり、校舎が鉄筋に改築されると、屏風の作品は飾られる場所を失い、学校の倉庫にひっそりと保管されるようになりました。しかし、長い間子どもに愛された作品の存在は学校や学区で語り伝えられ、これまで残ってきました。そして、現在は学校歴史博物館の収蔵品となり、見る人の学びのきっかけになっています。

特別な日を彩る、祝いの絵画

京都の町家では、正月になると座敷床に新年を祝う掛け軸が多く飾られてきました。特によく見られるのは、日の出や松、鶴などが描かれた、とてもおめでたい絵です。

聚楽小の集会室。右側に和漢故事人物図屏風が見える／1928年

明治時代には、町衆の寄り合い場所であった町組会所が小学校の中にあり、新年の初寄りもそこで行われていました。そうした会所での新年行事があったときには町家と同様に、祝いのための絵画が飾られていました。その多くは現在も小学校に伝わっています。町組の中心となる場所のためにと、地域の人によって寄贈されたり、町の絵師に依頼して描かれたりしたものです。

成逸《せいいつ》小学校（現在の北総合支援学校、上京区）には豪快な筆さばきで知られる鈴木松年の「旭日老松図」（1900年制作）が残っていました。松は寒い冬に負けずに緑の葉を茂らせることから不老長寿を願う吉祥のモチーフとして好まれました。

同じ松を描いたものに円山応挙の子孫、国井応陽の「生祥顕瑞図《せいしょうけんずい》」（1914年制作、中京区の生祥小旧蔵）などがあります［写真次ページ］。太く、立体感のある幹は応挙の松をほうふつさせます。さらに松だけではなく、竹や霊芝《れいし》（万年茸《だけ》）と併せて描かれ新春にぴったりのめでたさです。

明倫小学校（中京区）旧蔵の内海吉堂《きちどう》筆「松鶴図」（1908年制作）では、松に加えて二羽の鶴の姿が描かれています［写真右］。鶴は古来より仙鳥として大切にされてきましたが、中国の詩人王維が「鶴巣松樹遍《つるはしょうじゅにすくいてあまねし》」（『山居即事』）と詠んでいるように、唐代以降はよく松と組み合わせて長寿のモチーフとされました。

内海吉堂「松鶴図」／1908年、明倫小旧蔵

桂尋常高等小学校の作法室／1937年

こうした祝賀の絵画は、正月の他、さまざまな記念式典やお客さんを招待するときなど、学校にとって大切な日を彩ってきました。1937（昭和12）年、桂尋常高等小学校（西京区）の作法室の［写真前ページ左］は、校舎の増改築落成記念に撮られた1枚ですが、立派な松の掛け軸が床を豪華に飾っていることが分かります。特別な日を演出する絵画に、子どもたちも気持ちが引き締まったことでしょう。

国井応陽「生祥顕瑞図」／1914年、生祥小旧蔵

校名にちなんだ美術品

京都の小学校といえば、それぞれが持つ校名は実にさまざまです。地名を使ったものや地域を象徴する建造物を表したもの、中国古典の一節からとったものなどがあり、由来も種類が豊かです。

1869（明治2）年の学校創立から現在に至る147年の歴史の中で統合や分校が行われ、校名の変遷もありましたが、学区民は地域の学校名に親しみと誇りを持ち、大切にしてきました。

そのことは学校に寄贈された美術品からもよく分かります。京都の画家たちが、母校や地域の学校のためにと描いて贈り、学びやを美しく飾ってきた作品には、学校名にちなんで制作されたものが多くあるのです。

中京区の竹間小学校（現在は御所南小に統合）は竹屋町間之町の地名から名付けられましたが、ここには数々の竹を描いた作品が所蔵されています。1880（明治13）年に、文人画家の天野方壺《ほうこ》から贈られた墨竹図［写真次ページ］では竹林の光景に、竹が揺れ笹同士が触れて音を出す風情が表されており、校名にぴったりです。

梅屋小学校（現在は御所南小に統合）の名前は、豊臣秀吉が愛《め》でた梅屋敷の跡地に学校が建てられたことに由来するといわれており、梅が地域の象徴

神坂雪佳「菅原道真像」／大正期、梅屋小旧蔵

天野方壺「墨竹図」／1880年、竹間小旧蔵

となっています。ここに所蔵されていたのは近代における琳派の継承者、神坂雪佳《せっか》の「菅原道真像」［写真前ページ］です。

神童であったとされる幼少期の道真を描いており、学問の場にふさわしいものですが、なんといっても道真といえば梅。その生涯には、愛した梅の花を詠んだ歌が多く伝えられ、太宰府へ行くときに詠んだ「東風《こち》吹かば…」の一首はあまりに有名です。

横山清暉「東方朔図」／江戸後期、桃薗小旧蔵

上京区の桃薗小学校（現在は西陣中央小に統合）は、平安時代の公卿源保光が大宮一条付近に構え、桃薗と呼ばれた邸宅から校名が付けられたといい、その名から、桃にまつわる美術品が多く所蔵されています。

その一つに、学区民によって寄贈された、幕末の画家横山清暉《せいき》の「東方朔《とうほうさく》図」があります［写真］。東方朔は中国前漢時代の武帝に仕えた有能な政治家で、女仙である西王母から盗んだ桃を食べ８００歳の長寿を得たという伝説で有名な人物です。中国において桃は霊力をもった特別な果物でした。日本でも『古事記』においてイザナギが黄泉《よみ》の国から脱出するのを助ける果実として桃が登場します。そんな桃の名のついた校名を学区民は大事にしてきたのです。

近年も統合などが進み、京都に新たな校名が次々と生まれていますが、大切なことは、長く地域に愛される名前となることなのだと、伝えられた美術品は語っています。

江戸時代の絵画、由来も伝承

京都の学校所蔵美術は長い歴史の中で集められた一大コレクションとなっています。そこには実にさまざまな時代の作品が見られますが、中には明治時代よりも前の時代に描かれたものも存在します。右京区の御室《おむろ》小には、江戸時代、1751（宝暦元）年に描かれた「虎図」「写真次《ジペー》」が所蔵されています。

描いたのは高田敬輔《けいほ》という画家で、近江日野に生まれ京狩野の流派に学んだ人物です。

さて、御室小学校が開校したのは1872（明治5）年のことです。では、

高田敬輔「虎図」／1751年、御室小蔵

なぜ小学校が創設されるよりも前の時代のものが所蔵されていたのでしょうか。実は、学校と江戸絵画を結んだのは御室の名刹《めいさつ》「仁和寺」の存在でした。1873（同6）年、御室小は児童数の増加に際して新たな校舎を必要としていました。そのとき仁和寺の支院であった皆明寺がその建物を寄付し、御室小は仁和寺の東に移転したのです。

「虎図」の筆者である高田敬輔は仁和寺との関係がとても深い人物でした。そのようなことから、仁和寺に近い皆明寺に伝わった敬輔の掛け軸が、建物の寄贈に伴って小学校に移ったと考えられるのです。仁和寺と御室小の関係を今に伝える逸品です。

上京区にあった桃薗小学校の「東方朔図《とうほうさく》」（104ページ参照）は幕末の作。筆者の横山清暉は四条派の呉春や松村景文に学んだ有力画家です。本作も学区民から、「桃薗」という校名にちなんで寄贈されたものといわれています。

崇仁小学校（下京区）に伝わった「雲龍図」［写真］は大画面の水墨画で、学校内では静室（精神修養をするための部屋）に飾られていました。大部屋を飾るのにふさわしく、雲をまとった雄大な龍の姿が迫力をもって描かれています。狩野派の技法に倣ったもので、胴体のうねりや鱗《うろこ》の描写などに、室町時代の龍図などを学習した成果がみられます。本図はもと、道正庵という曹洞宗の寺院に所蔵されていました。寺院内には１８５０（嘉永３）年に島津氏が寄付した建物があり、１８７６（明治９）年には柳原町が購入し町役場として使用していました。その際本図が柳原町へ伝わり、後に町役場に隣接していた小学校へと移されたと考えられます。画風や紙質から江戸時代初期に制作されたと推定される、学校所蔵の作品では現存最古のものです。

小学校に江戸時代の絵画があることによく皆さんは「なぜ？」と驚かれますが、それに答えるそれぞれの由来もきちんと伝わっているのです。

伝狩野永徳「雲龍図」／江戸初期、崇仁小旧蔵

修身教科書に人気絵師の浮世絵

戦前までは、学校教育の中で「修身」という授業が行われていました。歴史上の人物の生き方を学ぶことなどを通して、道徳心を養うことを目的としたものです。

明治の初めから、教育では主に欧米に倣った内容を取り入れていましたが、1877（明治10）年ごろから、従来の内容では知育に偏り、徳育が軽視されているという批判が大きくなっていきました。

そうした流れの中、1879（同12）年に明治天皇によって示された教育方針である「教学大旨」では、実学とともに道徳教育が根本として挙げられました。これを大きな契機として修身が重視されるようになり、82（同15）年前後には多くの修身教科書が編さんされました。

この時期の教科書は文部省による教科書検定制度ができる前のもので、内容も実に多様です。京都市学校歴史博物館では、京都の市立学校に残されていた明治期の修身教科書を所蔵していますが、ここではその中から、浮世絵が用いられたものを紹介します。

1882年から84年にかけて発行された『錦絵修身談』は、画面いっぱいに版画を用いて、歴史上の人物にまつわる逸話の一場面を紹介し、四角で囲っ

月岡芳年「錦絵修身談（エリーレーンの仁）」／1883年、日彰幼稚園旧蔵

たテキストを画面内に配置するという浮世絵の形式をとったもので、教科書としては珍しいかたちでした。

また、日本、中国、西洋の逸話が掲載されており、儒教的道徳と西洋道徳を同時に盛り込んだ内容でした。［写真viページ上］は「ピエールの信」と題された逸話で、友人から金を預かったフランス人のピエールが、自分がどんなに貧しくてもその金に手を付けず、数年後友人にそのまま返したという、友人同士の信頼関係をたたえる内容です。［写真前ページ］は「エリーレーンの仁」と題された絵です。アメリカ人のエリーレーンは鉄橋が焼け落ちているのを発見し、迫りくる汽車を必死に叫んで止め、乗客たちを救ったという話にもとづいています。

このように絵画に重きをおいた教科書を作った理由について、編者は「幼童が喜び、興味をもつ錦絵を用いて倦怠《けんたい》の心を起こさないため」と書いています。そのために、月岡芳年など当時の人気浮世絵師に絵が依頼されました。教科書を分かりやすく、より身近に感じさせる工夫が絵画によってなされていたことがうかがえます。

学校の歴史感じさせる、校長の肖像画

学校の校長室には、よく歴代の校長先生の肖像写真が飾られていることがあります。威厳のある顔がずらっと並んでおり、さかのぼるとカラー写真から白黒写真へ、服装も昔のものになっていくさまが見られ、長い学校の歴史を感じさせるものです。

下京区の開智小学校（現在は学校歴史博物館）には、1869（明治2）年、小学校が開校した当初の先生の肖像画が所蔵されていました。［写真］は下京第十一番組小学校（開智校）で最初の首座教員となった、森九郎助《くろすけ》の肖像画です。

首座教員とは、教師たちを統率する役で、今の校長に近いものでした。統率といっても明治時代初期は1校あたりの教員数も少なく、開智校では最初5人が教壇に立っており、そのリーダーという立場です。

本作は明治の早いころの肖像で、まだ写真ではなく、神田文祥《ぶんしょう》という画家によって、日本画の手法で上半身の姿が描かれています。

森九郎助は幕末、寺町高辻北に居を構え、森石華《せっか》の号で書家として活動していました。また、近所の子どもたちに読み書きなどを教える手習塾（寺子屋）の先生でもありました。

神田文祥「森九郎助像」／明治時代初期、開智小旧蔵

明治になり、新たに小学校ができることになると、教育機関を整理統一するという政府の方針に従って、多くの寺子屋や塾に通う子どもは小学校へと移り、手習師匠は小学校教師となっていきました。森も筆道師（習字教師）となり、その後5年間子どもたちを教えました。

新しくできたばかりの「小学校」とは一体どのようなところなのか、まだよく分からなかった子どもや親にとって、親しみがあり、尊敬する手習師匠が教師となってくれることは本当に心強かったことでしょう。

立派な肖像画が制作されたことからも、森がとても敬われていたことが分かります。こうした教師たちが、江戸から明治への教育のスムーズな継承に一役買っていたのです。

時代世相を反映、子どもを描いた絵画

教室、講堂、廊下——。学校ではさまざまな場所によく絵画が飾られていますが、じっくりご覧になったことはあるでしょうか。京都の学校ではこうした「学校美術品」が実に2千点以上も所蔵されています。

その中でも目に付くのは、子どもの姿を描いた絵画です。明治時代になって学校がつくられ、近代教育の考え方の中で子どもに目が向けられるように

堀井香坡「少女」／昭和初期、嵯峨小蔵

なると、多くの画家が子どもを主題に制作を行いました。そうした作品の多くが学校に寄贈されたのです。

明治の画家、久保田米僊が描いた「園児遊戯《ゆうぎ》図」［写真iiiページ上］には、オルガンの曲に合わせて輪になって踊る園児たちが描かれています。

この作品が伝わったのは下京区の尚徳中学校（元・尚徳小）であることから、尚徳小の敷地内に開園した尚徳幼稚園（楊梅幼稚園）での唱歌遊戯を写生したとも考えられています。和装と洋装の児童が一緒になり外国由来の唱歌遊戯を楽しむ姿は文明開化期の子どもの姿をよく伝えます。

［写真前ジペー］は、京都に生まれ菊池契月に師事した画家、堀井香坡《こうは》が描いた「少女」という作品です。小学生くらいの女の子が籐《とう》の椅子の上に足を抱えて座る、非常にかわいらしい姿で表現されています。髪形が特徴的で、後ろ髪を短く切りそろえたモダンなショートカットは昭和初期の雰囲気をよく伝えています。

その他に、日本画家の秋野不矩《ふく》が自身の子をモデルにしたといわれる戦後の作品「青年」（中京区の日彰小旧蔵）では衣服などが描かれず、青年期特有の身体が表現されるなど［写真］、時代によっても実にさまざまな子どもの姿を学校美術品に見ることができるのです。

学校で何げなく飾られている絵画は普段あまり注目されることがありません。しかし、長い歴史の中で集められたこれらの作品群をじっくり鑑賞してみると、画家が子どもに向けたたくさんの視線を見て取ることができるのです。

秋野不矩「青年」／1956年、日彰小旧蔵
並んで歩く3人の青年が描かれている。

有名画家が教科書著し、日本画の授業

今から100年以上前、明治時代の絵画教科書を紹介します。1893（明治26）年に作られた『小学日本画初歩』という教科書で、京都の小学校で広く使われていました［写真］。その内容を見てみると、墨と毛筆を使って手本を写し、筆運びの練習をするものだったことが分かります。京都ではこのような教科書を使った日本画の授業が特に盛んに行われていました。

近代的な図画教育は、西洋の文化を取り入れる文明開化の一環として始まりました。それゆえ全国で、西洋の図画手本を翻訳したり、引用したりして作られた教科書を使って鉛筆画を学んでいたのです。

しかし、京都では鉛筆画だけではなく毛筆画すなわち日本画を教えるべきだという意見が出てきました。日本で最初の画学校として設立された京都府画学校で教壇に立っていた画家たちは、1885（明治18）年、小学校以上の普通教育における図画を日本画にすべきであるという建議を政府にしたといわれています。

こうした考え方の根拠の一つに、日本画の技術が染織、陶磁などの工芸に直接応用でき、職工を育てることにもつながるという理屈がありました。このような風潮もあり、京都では小学校教育に毛筆画を課すようになりました。

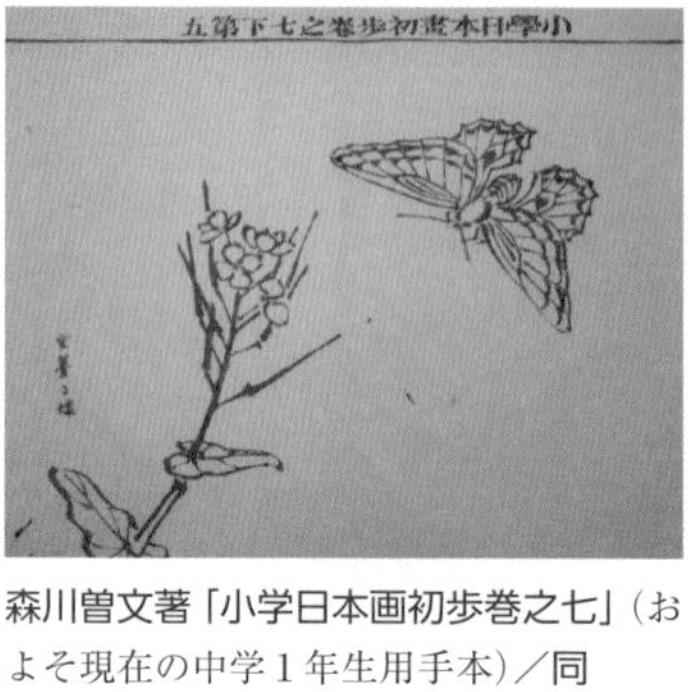

森川曽文著「小学日本画初歩巻之七」（およそ現在の中学1年生用手本）／同

森川曽文著「小学日本画初歩巻之二」（およそ現在の小学2年生用手本）／1893年

そこで作られたのが日本画の教科書です。

驚くのは、そうした教科書の多くが当時第一線で活躍する有名な画家によって著されていたことで、画家が小学校教育をいかに重要視していたかがうかがえます。

１８８８（明治21）年ごろから次々と日本画教科書が発行されましたが、中でも京都で特に多くの小学校で使われたのが、四条派の画家森川曽文の著した『小学日本画初歩』でした。全部で８巻に分かれていて、１～４巻は尋常科の４年間、５～８巻は高等科の４年間で使われました。最初の巻では丸や線などの単純な形を写すことから始め、学年が上がると動物や植物の複雑な造形にチャレンジするようになっています。

描くのは同じチョウでも、初級から上級へと段階が上がっていくことが分かりますね。現代の図画工作の教科書ともずいぶん違っていたのです。

子どもの学業成就願う、紫式部を描いた絵画

『源氏物語』を書いたことで知られる紫式部は、文道に秀でた人物として昔から尊ばれてきました。京都の学校では、子どもたちの学業成就を願って、紫式部の肖像や源氏物語の一場面を描いた絵画が多く飾られてきました。京

都に住む画家たちが腕を振るった、それらの作品が現在も伝えられています。

下京区の成徳中（現在は下京中に統合）には、大正から昭和期にかけて活躍した中村大三郎が手掛けた紫式部の図［写真v ページ下］が残されていました。中村大三郎は中京区の明倫小学校の出身で、優美な人物画を得意とした日本画家です。本作でも流麗な線を用い気品に満ちた姿で、理知的なまなざしが印象的です。同じく学者の手本とされた菅原道真の肖像とともに寄贈されました。

他に、東山区の新道小学校（現在は東山開睛館に統合）には昭和に活躍した勝田哲の作品があります［写真］。文机《ふづくえ》に向かう紫式部の姿が、学校の机に向かう子どもたちの姿に重ねられていたのでしょうか。サイズも幅1メートル以上ある大きな絵で、学校の中にあって遠くからでもよく見られるようになっていました。

小学校に通う子どもたちの中で、紫式部が尊敬されてきた背景には教科書の存在があります。紫式部は明治時代から多くの修身教科書に登場します。幼少期に兄が書を読んでいるのを隣で聞き、全ての内容をそらんじてみせたという逸話の紹介などを通じて、幼いころより才覚に優れ、成長しては広く和漢の学を修めた学者であったと教えられていました。そうやって、子どものときに努力することの大事さを伝えていたのです。

勝田哲「紫式部之図」／昭和期、新道小旧蔵

下京区の開智小学校（現・京都市学校歴史博物館）で学んだ上村松園《しょうえん》にとっても紫式部は身近な偉人でした。その随筆では、歴史人物は心の友であると語り、紫式部の姿も描いています。

桃太郎が国民的なヒーローに

犬、猿、キジと一緒に鬼退治、といえば「桃太郎」。日本で一番有名な昔話ですね。京都の市立学校には画家によって寄贈された絵画が多く所蔵されていますが、中でも「桃太郎」は多く見られる画題です。

上京区の滋野中（現在は上京中・京都御池《おいけ》中に分割統合）に飾られていた「桃太郎図」［写真］はその代表で、明治から昭和初期にかけて活躍し、歴史画家として有名であった猪飼嘯谷《しょうこく》が描いた作品です。甲冑《かっちゅう》などが実に詳細に描かれ、画家の手腕がよく発揮されています。

桃太郎は学校に通う子どもたちのヒーローでした。1887（明治20）年に文部省が編さんした国語教科書『尋常小学読本』ほか、多くの教科書で取り上げられ、唱歌の題材などにもなりました。

1894（明治27）年から96（同29）年にかけて東京の博文館から出版された『日本昔噺《ばなし》』という全24冊の叢《そう》書は、「猿蟹合戦」や「浦島太郎」など

猪飼嘯谷「桃太郎図」／1932年、滋野中旧蔵

巌谷小波「桃太郎図」／明治～大正時代、陶化小旧蔵

有名な昔話を子ども向けの読み物にして収載したもので、広く子どもたちに受容され国民的な昔話の定型となりましたが、その中でも、第1編として最初に刊行されたのが「桃太郎」でした［写真下］。

著者は児童文学の第一人者であった巌谷小波《さざなみ》で、南区の陶化小学校（現在は凌風小・中に統合）には巌谷自身が描いた「桃太郎図」［写真右］が所蔵されていました。このように、子どもへの教育を通して、桃太郎は国民的なヒーローになっていきました。

さらにその後、太平洋戦争など日本が対外戦争を行ったときには、桃太郎側を日本、鬼側は敵国になぞらえて、軍国主義のプロパガンダに利用されることもありました。現代でも抜群の知名度を誇る桃太郎というキャラクターは、メディアに登場する機会も多く、子どもにとっても身近な存在となって

巌谷小波著『日本昔噺　第1編　桃太郎』表紙／1894年、小川幼稚園旧蔵

いるようです。

学区あげての御大典記念事業

1928（昭和3）年、昭和天皇即位の礼が京都御所で行われ、「御大典」の奉祝ムードが京都中を包んでいました。記念事業が各所で行われる中、学校には、図書館の設立や育英資金の造成、校舎の改築や設備の改善などが御大典記念として府や市から要望されました。

それに応じ、各学校では児童文庫を設置したり、校舎の増改築、運動場の拡張や奉安殿の設置などをしたりしたことが、京都市編『京都市大礼奉祝誌』（1930年、京都市役所）に記録されています。

中京区の明倫小学校（現・京都芸術センター）では校舎全部を改築し、それまでの木造和風建築から一新、鉄筋コンクリートの校舎が完成しました「写真」。この時期に市内の学校では鉄筋校舎への改築が盛んに行われ、いわゆる御大典記念校舎が建てられたのです。

この後、1934（昭和9）年に超大型の室戸台風が京都を襲ったときには、新しくできた校舎が子どもたちを守り、災害に強い鉄筋校舎の重要性が認識されることとなりました。

1931年に新築された明倫小の校舎（京都市中京区）

また、1915（大正4）年の大正天皇即位のときは、御大典を記念した美術作品も制作されました。左京区の錦林小学校には御大典記念書画帖が所蔵されています。全員で39人の書家や画家が寄り合って、それぞれの作品を一つにまとめたものです。その中には、橋本関雪や石崎光瑤《こうよう》など近代京都画壇を代表する画家の名前も見られ、関雪は悠久の山水を、光瑤は菊花を描いており、いずれも祝いのモチーフとなっています［写真］。

この書画家たちは全員、錦林学区に居を構えていた人たちでした。関雪は浄土寺石橋町に、池泉回遊式庭園を備えた白沙村荘という邸宅を構えていました（現在は白沙村荘橋本関雪記念館として公開）。学区をあげての作品制作だったのです。

京都にとって一大イベントであった御大典。校舎や美術品から、当時の人々の喜びぶりが伝わってきます。

石崎光瑤「菊花図」／1915年、錦林小蔵

橋本関雪「舊江山之図」／1915年、錦林小蔵

第二章　京都の芸術家と学校

日本画と教育のつながり模索した久保田米僊

幕末から明治維新にかけて、京都の町は大きな困難に直面していました。幕末からの政情不安、禁門の変による市中大部分の焼失、東京への遷都により人口が減り、町は衰微していたのです。

しかし、時代は開化期を迎え、京都は復興のために西洋の先進的な技術やアイデアを積極的に取り入れ、実践していきました。博覧会の開催、舎密局（理化学研究機関）や小学校の創設などの近代化政策が行われます。町には新しい勧業施設や教育施設が増え、未来に向けての活気があふれていました。

そんなころ、開通したばかりの新京極通の近くに住み、日本画家として活動していた久保田米僊は日本画の将来について考えていました。当時は西洋画の盛んな輸入もあり、日本画は衰退し、危機を迎えていました。それゆえ、伝統的な日本画も新しい受容の場を開拓する必要があると感じていたのです。

社会のありようが急速に変化していく様を目の当たりにしていた若い画家は、日本画はもっと社会と密接に関わっていかなければ時代に取り残されて

米僊が尚徳校（下京区）に贈った「孟母断機図」／1874年
子ども時代、学業を途中でやめて帰ってきた孟子に対し、母親が学問を半端でやめるのは織りかけの機を断ってしまうのと同じだと言って諌めた逸話を描いた。

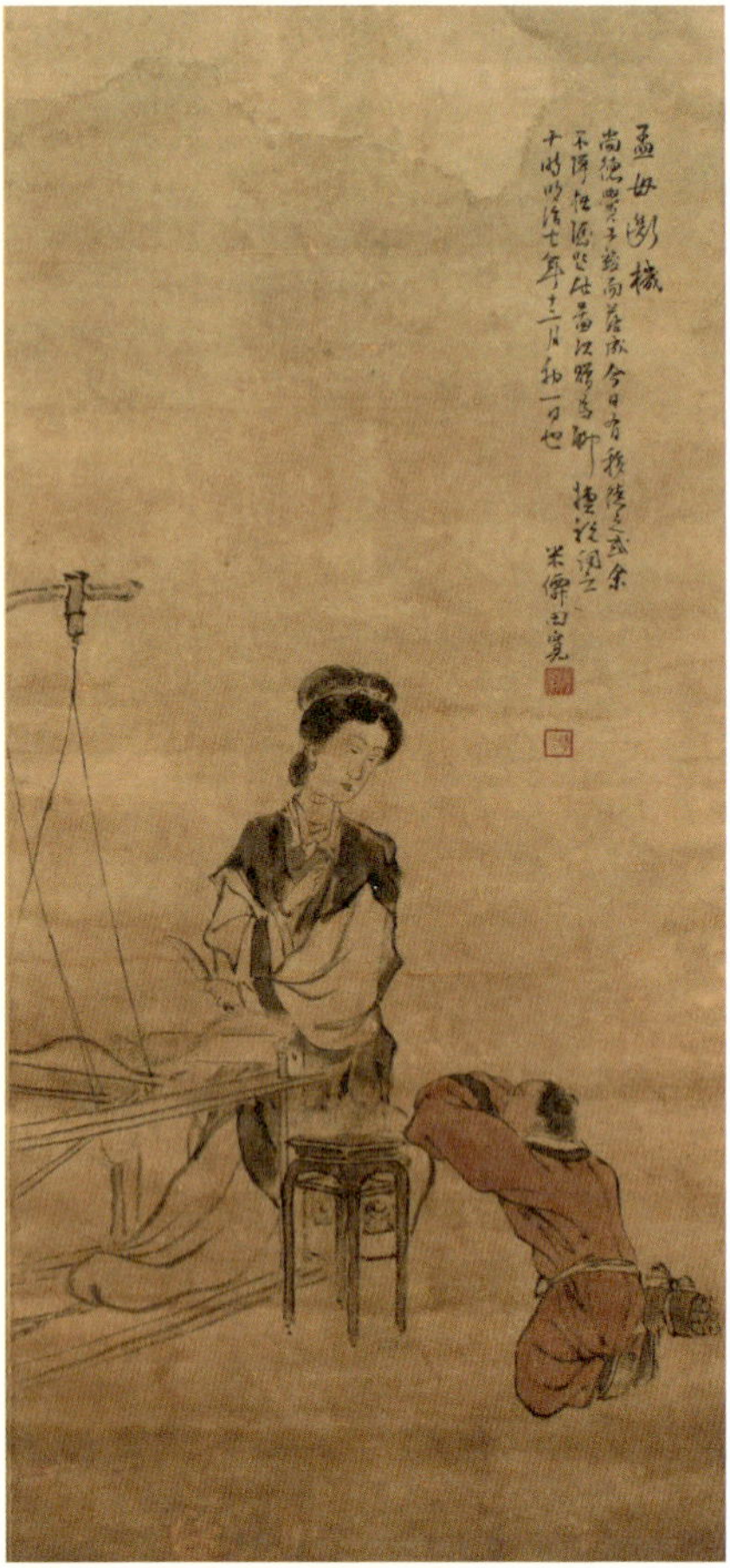

しまう、そう思ったのでしょう。

米僊が注目したのは、小学校です。学校は一度に多くの人にメッセージを届けることができる近代教育の最先端でした。米僊は多くの教師が参加した集会で、絵画を利用することでより効果的に物事を伝えることができると主張しています。

他にも米僊は小学校で使う図画教科書を著したり［写真下］、小学校に自

久保田米僊著「小学毛筆習画帖」／1889年発行

身の作品を寄贈したりして［写真前㌻上］、日本画と教育のつながりを模索し続けました。将来の京都を担う人材となる子どもたちが集まる小学校で日本画の魅力を伝えたい、そう思ったのかもしれません。

目まぐるしいほどの近代化の中で、伝統文化がどのように社会と関わり受け継がれていくべきかということは、明治時代にも問題になっていたのです。

日本画家と近代教育

1872（明治5）年5月1日《旧暦》、福沢諭吉は京都を訪れました。もとより名所旧跡を見て回る時間などはなく、西本願寺、建仁寺、知恩院の3会場でにぎわっていた京都博覧会を見物するためでもありませんでした。福沢の一番の目的は、3年前に全国で初めてできた学区制小学校をはじめとする京都の学校を視察することだったのです。

京都市中では番組という区分けがされ、基本的にそれぞれの地域に一つ、計64の小学校が建てられていましたが、そこでは「区内の貧富貴賤《きせん》を問はず」誰もが通って教えを受けられるようになっていたことに福沢は感動しています。福沢の理想とする近代教育の一歩が京都で実践されていたのです。

福沢は学校に通う子の明るい表情を見て、10年後の日本で中心になるのは

幸野楳嶺

この子どもたちであると確信。学校教育の重要性を再認識した出来事でした。

明治の日本画家たちもまた、教育の重要性を感じ、日本画の将来を学校に託そうとしました。明治期の京都画壇をリードした幸野楳嶺《ばいれい》［写真前ジペー］は京都における小学校設立に尽力し、その教育への思いは後に、日本初の画学校である京都府画学校の設立建議につながっていきます。

楳嶺とともに京都府画学校の設立建議に加わった望月玉泉は、日本初の盲聾教育のための学校である京都盲唖《もうあ》院で子どもに絵を教え、また府の女学校でも画学教授を務めました。他にも画家たちは積極的に小学校の図画教科書を著すなどしています［写真］。

明治時代、人は10年先の未来に大きな希望を抱いていました。画家たちも、これからの日本を担う子どもたちへ、期待と喜びをもって日本画の精神を伝えようとしたのです。

卒業後に大成、愛校心あふれる芸術家の寄贈

明治から昭和にかけて、近代の美術界で活躍した作家たちの中には京都出身の人間が少なくありません。京都に生まれ、幼いころから書画や染め物、織物、焼き物といった京都の美術工芸品に触れて育った人たちです。

望月玉泉著『玉泉習画帖　首巻』／1900年、京極小蔵

そうした作家たちの多くは、京都の小学校に通っていました。卒業しても自分たちの母校を誇りに思い、芸術家として大成した後には母校への作品寄贈を行って、母校に錦を飾ったのです。

作家たちの母校への思いが感じられる寄贈作品が、今も小学校にたくさん残されています。

陶芸家、書家、美食家など多彩な顔を持ち、大正・昭和を代表する文化人であった北大路魯山人は、中京区の梅屋小学校を１８９３（明治26）年に卒業しました。

その後、１９５８（昭和33）年に京都で個展を開いた際、母校を訪れ「不老長寿」の銘が入った花入れを贈りました［写真］。そのときには同級生たちも集まり、懐古談に花を咲かせたといいます。

洋画家の安井曾太郎は１８９８（明治31）年に中京区の生祥小学校を卒業。「在学中はおとなしく目立たない子どもで、算術がよくできた」と旧友は語っています。京都の聖護院洋画研究所に学び、後に文化勲章を受章する画家になりました。１９１７（大正６）年に母校へと寄贈された「カーネーション」という作品が伝えられています［写真次ジペー］。

京都画壇を代表する画家の山口華楊は下京区の格致小学校を１９１２（明治45）年に卒業しました。粘土細工が好きな子どもで、動物の像をよく作り

北大路魯山人「飴釉不老長寿花生」／１９５８年ごろ、梅屋小旧蔵

先生に褒められていたといいます。

母校への思い入れは深く、「対象をよく見、物の道理をみきわめ、ひとつひとつの物の心を知る」という意味の「格物致知」から来る「格致」という言葉を、折にふれて身近なものとして思い起こすことができたのが幸せだった、と語っています。1974（昭和49）年、ライオンを描いた大作「凝視」［写真・iページ］を贈りました。

寄贈された作品は、京都に育った芸術家たちの学校の思い出とともに今も伝えられています。

画家たちを育んだ学校

1881（明治14）年、上村つねという7歳の少女が下京区の開智小学校に入学してきました。絵を描くことが大好きで、いつも石盤に石筆で絵を描いていました。友達からは「つうさん、うちのにも描いてな」と石盤を差し出され、絵をせがまれていたといいます。担任であった中島眞義もつねの描く絵をいつも褒め、京都市中の小学校連合展覧会への出品を勧めたりしました。

この少女は後に画家となり、文化勲章を受章するまでになりました。日本

安井曾太郎「カーネーション」／1912年、生祥小旧蔵

画家、上村松園の小学校時代のお話です。松園にとって、同級生や先生に絵を褒められたことは、絵の道に進むための大きな後押しになったことでしょう。

同じく画家の福田平八郎は中学時代、数学が大嫌いで落第してしまいました。途方に暮れていたとき、小学校時代に図画を教えてくれた先生の勧めで美術学校に入学。絵の道へと進みました。

学校は今に至るまで、このように子どもの夢を育み、将来へと導く場となってきました。子どものころに何かで褒められたことは強く印象に残り、大人になっても覚えていたりするものです。

そんな思い出が詰まっているかもしれない、画家たちが子どものときに描いた作品が現在も学校に所蔵されています。［写真］は1898（明治31）年の作品で、画家の原在寛が高等小4年、13歳のときに制作したものです。

原在寛は江戸時代から続く絵師の名門原派の五代目で、父の原在泉の助手として仁和寺の障壁画制作に携わった人物。一枚一枚丁寧に花びらを描いており、課題に取り組む子どもの一生懸命さが伝わります。京都市第一高等小に残された生徒作品帖の1枚で、後に上京中（上京区）で大切にされてきました。

多くの画家が学校時代に絵を通して先生や同級生といった周りの人間とつ

原在寛の京都市第一高等小学校時代の作品／1898年、上京中蔵

ながり、自己を形成していきました。松園や平八郎もそうしたつながりに感謝し、後に小学校へと作品を寄贈したりしています。

墨書―著名人の筆致、味わい深く

京都の小学校には、政治家や書家、学者などの著名人が手掛けた墨書の扁《へん》額《がく》が多く残っています。長谷信篤、槇村正直など歴代の府知事を始め、榎本武揚や伊藤博文など明治の政治家たちが揮毫《きごう》した校名の扁額が学校の草創期から100年以上の時を経て、現在まで伝えられています。

校名の他にもさまざまな言葉が書かれた額があり、その筆致や内容には筆を執った人物の性格がとてもよく表れています。

文人画家で漢学に造詣が深かった富岡鉄斎は1918（大正7）年、中国の古典である『易経』の言葉「日新其徳《ひにそのとくをあらたにす》」の書を中立小学校（上京区）に贈り、京都帝大で教えた東洋学者の内藤湖南は漢文の『千字文』から「克念作聖《よくおもえばせいとなる》」と揮毫し、本能小学校（中京区）に寄贈しています。

左京区の下鴨学区には、日本人で初のノーベル賞受賞者となった湯川秀樹が居を構えており、下鴨神社・糺《ただす》の森をよく散歩したといいます。

下鴨小学校に贈った言葉は「一日生きることは一歩進むことでありたい」

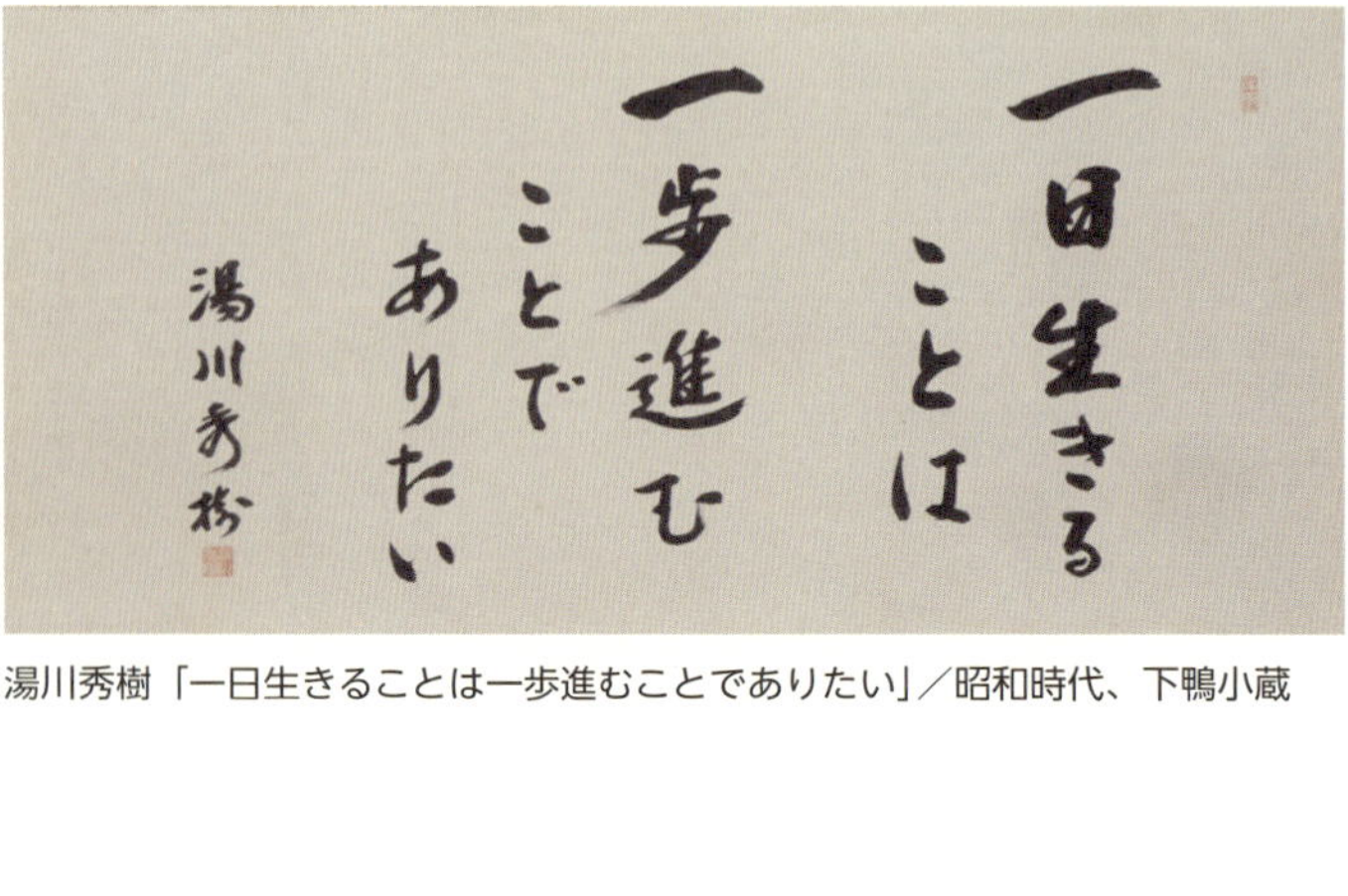

湯川秀樹「一日生きることは一歩進むことでありたい」／昭和時代、下鴨小蔵

［写真前ジペー］。この墨書は額装されて現在も学校に飾られています。力強く引かれた「一」の字が印象的で、信念をもってひたむきに学問に取り組む湯川博士の人柄がうかがえます。

同じくノーベル物理学賞を受賞した朝永振一郎は母校の錦林小学校（左京区）に「のび行け錦林の子」と書いた色紙を贈っています［写真155ジペー］。

衣笠小学校（北区）には日本画家の堂本印象が子どもたちに贈った墨書［写真］が今も体育館に掲げられています。横幅2メートルを超える大きな画面にしっかりとした字で「創造」と書かれ、1970（昭和45）年にはこの書にちなんで「創造の門」という校門がつくられました。

衣笠小は児童の創意工夫を重んじる校風で、常に挑戦的な姿勢で制作を行った印象と大いに通じるところがあったのでしょう。印象が示した「創造」の精神は今も子どもたちに伝えられています。線の太さや墨の濃淡、筆勢などに書いた人間の思いが表れる墨書は味わい深い、学校のたからものです。

学区の絆示す組内画家記念揮毫屏風

近代の京都に小学校ができたのは1869（明治2）年。64の番組小学校が開校したことが始まりです。

堂本印象「創造」／1970年ごろ、衣笠小蔵

その後、1918（大正7）年には番組小学校はそろって創立50周年を迎えました。各校は盛大に祝い、多くの記念行事がなされました。

中京区（当時は上京区）の竹間小学校では、学区に住む画家たちに依頼して、記念の絵画を寄贈してもらうことになりました。当時、学区内に居を構えていたのは、上村松園や都路華香《つじかこう》、山元春挙《しゅんきょ》といった画壇を代表する画家たち。総勢12名が1幅ずつの掛け軸を制作しました。

大津町に住んでいた上村松園が描いたのは鎌倉時代の白拍子であった静御前［写真右］。源義経との悲恋でよく知られる人物です。流麗な髪の線や口元を手で覆うしぐさなどは女性の優美さを引き立たせており、松園の手腕がよく発揮されています。

大倉町に住んでいた都路華香は駿馬《しゅんめ》を描きました［写真左］。力強く前足を上げ、いななく勇ましい姿。華香らしい明るい色彩が用いられた作品です。

坂本町に住んだ山元春挙が描いたのは雪松図。強い風が吹く冬の日、寒さにも負けず枝を伸ばし緑の松葉をつける松の上に、柔らかな雪が積もる、とてもおめでたい画題です。春挙は江戸時代の京都を代表する絵師、円山応挙の画風をよく学んでおり、応挙の松を意識した、京都らしい作品といえます。

参加画家は他に、白井清泉《せいせん》、伴一邦《いっぽう》、内海吉堂、田中月耕《げっこう》、加藤英舟《えいしゅう》、平野古桑《こそう》、庄田鶴友《かくゆう》、中居曠谷《こうこく》、梅戸在貞《ざいてい》がいました。

上村松園「静御前」／1918年、竹間小旧蔵

都路華香「駿馬図」／1918年、竹間小旧蔵

その後、これらの12幅は散逸することなく、いつでも一堂に見られるようにと一つの屏風《びょうぶ》に仕立てられ、「組内画家記念揮毫《きごう》屏風」として伝えられました。

「学区」という絆によって成立した画家たちの共同制作は京都ならでは。また、そうした事業が可能になるほど、一つの学区に多くの画家が住んでいたことにも驚かされます。

地域への思い込め描く扇面

扇面は古来より、よく贈答品として用いられてきました。和歌や漢詩などを書いたり、美しい絵を描いたりして、大切な相手に贈られてきたのです。

京都の小学校でも、明治時代から創立の周年記念や校舎の新築、改築記念などの慶事の際に扇面を作成し、記念品として関係者に配布する慣習がありました。扇の末広がりの形に、学校の長い繁栄への願いが込められたのです。扇に描く原画は地域ゆかりの作家に依頼され、そうした扇面原画の多くは学校で大切に保管されていました。

左京区の下鴨小学校には近代京都の画家、福田平八郎が描いた扇面の作品が所蔵されています［写真］。1927（昭和2）年、新校舎が建てられた

福田平八郎「双葉葵図扇面」／1927年、下鴨小蔵

ことを記念して寄贈されたもので、謹直な字で「下鴨小学校竣工《しゅんこう》記念」と添えられています。

描かれているのはフタバアオイ。下鴨神社の神紋で、5月の葵祭のときには人々の身を飾る、下鴨地域を象徴する植物です。今は激減しましたが、かつては周辺に多く自生しており、身近なものとして住民に愛されていました。

この絵が描かれたのは旧暦の初夏（4月）です。ちょうど開花を迎えた様子が写されており、葉の付け根から柄を出したかれんな花が描かれています。福田平八郎はこの時期、下鴨芝本町に住んでおり、本作には地域への思いがよく表れています。

上京区の春日小学校（現在は中京区の御所南小に統合）には画家、西村五雲が描いた扇面画が所蔵されていました［写真右］。「神鹿《しんろく》図」と題され、張り子の鹿が描かれており、校名に通じる奈良市の春日大社で、鹿が神の使いとして信仰されていたことに由来するものです。五雲は学校にほど近い、新烏丸頭町に住んでいました。

中京区、富有小学校の宝物は堂本印象の扇面原画「菊図」。1938（昭和13）年の校舎増築記念に制作されました［写真左］。

画家が学校へ贈ったり、学校が学区民に贈ったりする扇には、地域に根ざした豊かな思いが込められているのです。

堂本印象「菊図」／1938年、富有小旧蔵

西村五雲「神鹿図」／大正～昭和初期、春日小旧蔵

画家の血筋―親子二代にわたる寄贈

1914（大正3）年、画家の上村松園は中京区の竹間学区に画室を構えました。その4年後、地域の竹間小学校が創立50周年を迎えた際には、松園は記念にと自身の絵画を寄贈しています。その作品「静御前」は学校の宝物として長年愛されてきました（130ページ参照）。

また、竹間小には「静御前」と同じく大切に保管されてきた作品が存在します。それは上村松篁《しょうこう》が描いた「柚子《ゆず》図」［写真右］。文化祭開催を祝って寄贈されたものです。松篁は松園の息子で、花鳥画において独自の世界を築いた画家。松篁もまた竹屋町間之町の家に住み、母と同様、地域の小学校のためにと自身の作品を寄贈したのです。

京都の小学校には、このように親子二代にわたって寄贈された絵画作品がいくつも残されています。

四条派の画家、菊池芳文は中京区の明倫学区で画塾を構えており、明倫小学校へ「仔熊《こぐま》図」のついたてを寄贈。芳文の死後、塾を継いだ養子の菊池契月もまた、掛け軸を同小へ贈っています。

右京区の嵯峨小学校に所蔵されていたのは、幸野西湖《せいこ》・豊一《とよかず》親子の作品です。嵯峨地域は多くの画家が画室をつくったことで知られ、竹内栖鳳《せいほう》や川村

上村松篁「柚子図」／昭和時代、竹間小旧蔵

幸野西湖「酔李白図」／1935年ごろ、嵯峨小蔵

曼舟《まんしゅう》も制作の拠点を置きました。

幸野西湖の一家が嵯峨に来たのは1928（昭和3）年のこと。幸野家は明治期に活躍した幸野楳嶺に始まり、その子の西湖、孫の豊一と続いた画家の家系です。西湖が寄贈したのは「酔李白図《すいりはくず》」［写真前ページ左］。酒をこよなく愛した唐代の詩人を描いています。豊一は学校の子どもたちに向けて仔鹿《こじか》を描きました［写真］。これらは今も学校に飾られています。

以上の作品からは、いかに多くの画家の血筋が京都で育まれ、地域に根差してきたかがよく分かります。また、親から子へ、地域の学校を大切に思う心がしっかりと引き継がれていることも同時に教えてくれます。

画家と学校のつながり〜学区民として

京都は明治期以後も多くの画家たちの制作拠点でした。画家たちは京都の町に住み、地域社会の中で生活していました。

その中で、画家自身が幼いころに地域の小学校に通ったり、また自分の子どもを通わせたりすることによって、画家と学校のつながりができていきました。そうしたつながりを示す作品が今も残されています。ここではその中から、画家が子や孫の通う学校のために寄贈した絵画を紹介します。

幸野豊一「仔鹿」／1935年ごろ、嵯峨小蔵

明治から昭和にかけて活躍した日本画家の竹内栖鳳は、御池通油小路に生まれ、城巽《じょうそん》学区に暮らしていました。栖鳳の三男は1920（大正9）年に城巽小学校（中京区）を卒業。半年後、担任であった辻本庄太郎先生のところへ栖鳳の妻が訪ねてきました。そして、お世話になったお礼にと栖鳳が描いた1本の掛け軸を贈ったといいます。

この作品「虞美人草《ぐびじんそう》」［写真右］は1999（平成11）年、子で元・上高野小学校の校長であった辻本正敏氏から学校歴史博物館へ寄贈されました。

同じく近代を代表する画家である上村松園は車屋町御池に住んでおり、息子である信太郎（のちの画家上村松篁）が通う初音小学校（中京区）のために、「税所《さいしょ》敦子孝養図」（初音中旧蔵）を贈っています。およそ縦160センチ、横100センチの大画面に孝行で知られた幕末明治の歌人税所敦子を描いた作品で、学校の講堂に飾られていました。

翔鸞幼稚園（上京区）の図書室には、明治〜昭和の洋画家澤部清五郎の「草花図」［写真左］が飾られていました。澤部は西陣に生まれ、川島織物の図案や織物原画も手掛けるなど西陣地域と縁の深い画家でした。この作品は1932（昭和7）年、孫の入園記念にと幼稚園に寄贈されました。

こうした作品からは、普段あまり語られない画家の一面が見えてきます。それは、学校に通う子どもの保護者としての姿です。画家もまた、一学区民

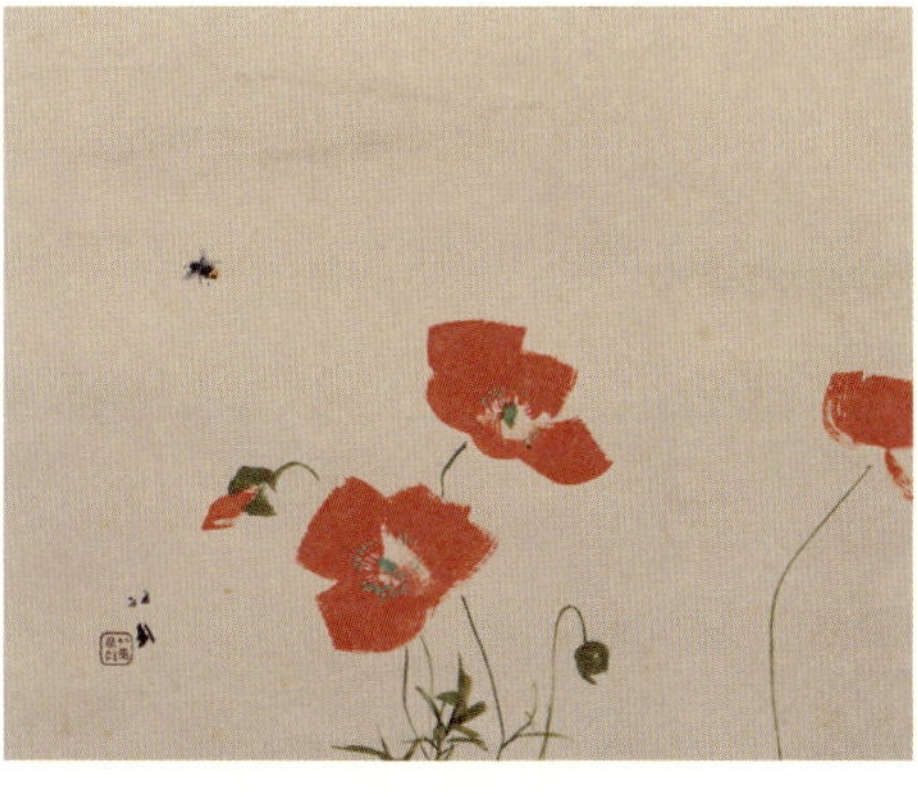

竹内栖鳳「虞美人草」／1920年

澤部清五郎「草花図」／1932年、翔鸞幼稚園蔵

でした。

戦時下の美術―画家にも時代の影響

1937（昭和12）年の盧溝橋事件が発端となり始まった日中戦争から、1941（同16）年開始の太平洋戦争を通して、学校生活にも戦時下の世相が色濃く反映されていきます。

そのころ学校に寄贈された絵画には、戦時色がしばしば見られます。総動員体制下で、画家は「彩管報国」、すなわち絵筆（彩管）を執って国に尽くすというスローガンの下、戦地における兵士の様子などを描いたり、戦争に臨む国家の象徴として旭日や富士、桜などを題材にしたりしています。美術がプロパガンダに利用された時代でした。

中京区の初音中（現在は京都御池中に統合）に残されていた「雄飛報国之秋」［写真］は旭日を背景に鷹《たか》を描いた作品で、1937年から第1次近衛内閣によって行われた国民精神総動員運動のポスター［写真次ページ］と同じ図様になっています。

国民を一体とし戦争体制に協力させるための運動で、政府では数種類のポスターを制作しましたが、その図案は竹内栖鳳や横山大観も執筆寄贈し、そ

竹内栖鳳原画「雄飛報国之秋」／1937年頃、初音中旧蔵

の他東京美術学校や東京高等工芸学校に委嘱され、全国に配布されました。

日本で鷹は昔からよく描かれた画題ですが、戦時下において猛禽《もうきん》類はよく航空戦力になぞらえて描かれました。「隼鷹《じゅんよう》」「飛鷹《ひよう》」などは航空母艦の名前にもなっています。

学校は学区住民が集まる地域の中心であったこともあり、世間に流布するためのイメージが掲げられたと考えられます。こうした作品からは、戦時下における学校の様子がうかがえます。

学校に残された「戦時下の美術」には戦地を描くもの、国の象徴を描くもの、あるいは戦時の市井を描くものなどあり、さまざまです。いつの時代も画家は自身が生きる時代を見つめ、社会と向き合って制作を行っていますが、この時代、戦争が画家たちの制作にいかに大きな影響を与えていたかが分かります。

国民精神総動員運動のポスター

第三章　我が校のたからもの

宮家別邸の杉戸絵

明治時代、京都に64の小学校がつくられましたが、校舎として使われた建物は各学区によってさまざまでした。１８６８（明治元）年の京都府布達で、小学校は従来ある建物を利用し、建て増しなどで校舎にするべきだと伝えられており、多くの小学校が学区内の施設を転用して学びやとしていたのです。その後、児童数の増加により増築の必要が出ても、付近の寺院や殿舎などの一部が譲渡、購入されるなどしたケースが見られます。そのことを今に伝える学校所蔵の美術作品が残っています。

中京区の日彰小学校（現・高倉小）には立派な杉戸絵が所蔵されていました［写真ⅳページ下］。唐獅子と鶴が大きく描かれているもので、幕末の京都画壇を代表する絵師横山清暉が手掛けたと伝えられています。

日彰小は１８６９（明治２）年下京第四番組小学校として三条東洞院に開校しました。庶民教育施設であった京都教諭所の土地と建物、さらに周囲の土地を購入して校舎を建てましたが、３年後には児童数の増加により校舎が狭くなったため、高倉六角和久屋町に拡張移転することとなったのです。

町内にあった元・松山藩邸の土地を購入し、西川端荒神口にあった山階宮別邸の建物172坪を移築するなどして新校舎を建てました［写真］。学校所蔵の杉戸絵はもと宮家の別邸を飾っていたものだったのです。

今残っているのはその一部で、杉戸絵の何枚かは売却されたといいます。唱歌指導のための高価な舶来の風琴（オルガン）を購入するためでした。

その後もこの杉戸絵は学校の増改築にともなって、教員室の前に置かれたり、額装されて会議室に飾られたりしながら120年もの間、子どもたちのそばにあり続けました。

時報——集団行動、規則正しく

京都に小学校が初めてできた1869（明治2）年に、府から布達された小学校規則では、「毎日暁六ツ時ヨリ夕七ツ時迄諸学修行之事」とあり、現在の午前6時から午後4時ごろまでと授業時間が定められていました。

近代の小学校では、児童は決められた時間通りに席について一斉に授業を受けるようになりました。このスタイルは現代では当たり前になっていますが、江戸時代の寺子屋や手習塾では、子どもが自分の生活や習熟度に合わせ

山階宮別邸を移築した日彰尋常小学校の講堂／明治中期～後期

て学ぶスタイルが一般的で、それぞれが空いた時間に来て手習いをしていたのです。

「みんなそろって勉強する」近代の学校は、時間に合わせた規律正しい集団行動というものを学ぶ場でもあったといえます。

そこで必要になるのが、時間を知らせる道具です。学校で使われたものとして、まず挙げられるのは報時鼓［写真右］です。1871（明治4）年には府が西洋時間による時報を各小学校へ布達、校内の望火楼などに置かれた太鼓を鳴らして正午などを地域に知らせていました。

他に明治時代には、振鈴・西洋式ベル［写真左］や木板も使われていました。授業の始まりと終わりには、今でいう管理用務員がベルを鳴らし、授業の区切りなどは木の板を木づちでたたいて合図をすることが多かったようです。現在のチャイムですね。

その後、振鈴は電鈴に替わっていきます。1923（大正12）年には、下京区の開智小学校（現在は学校歴史博物館）に、卒業生からの寄贈により、京都で初めての自動電気時報が採用されました。屋上に設置された自動のベルが学区内に響き渡り、児童の起床時間や登校の時間も知らせていたそうです。これにより、それまで忙しく時間を気にしていた管理用務員にもゆとりができました。

たたいて時間を知らせた「報時鼓」／日彰小旧蔵

振って鳴らした「振鈴」／宕陰小・中蔵

戦後、1950年代から60年代にかけて、ジリリリと鳴るベルのチャイムに替わって、おなじみのキンコンカンコンというチャイムが普及しました。学校における時報、そのかたちは大きな変遷をたどってきましたが、みんなで一緒に活動することを重んじる学校において、なくてはならないものでした。

勉強の神様を描いた富岡鉄斎

京都市右京区の嵯峨地域に小学校が初めてできたのは、1872（明治5）年8月《旧暦》のことです。上嵯峨・天龍寺・水尾・原・越畑の5村連合の上嵯峨小学校（のちに嵯峨小と改称）が開校し、天龍寺の塔頭を借りて校舎としました。続いて、翌年3月には、下嵯峨・高田・生田の3村が連合して川端小学校（のちに嵐山小と改称）が開校。柳鶯寺《りゅうおう》というお寺が校舎でした。

その後、明治10年代には、両校ともに新しい校舎が建ち、生徒数もだんだんと増え、20年代には嵯峨の学校がいよいよ活気にあふれてきていました。

そうしたころ、1888（明治21）年の2月、当時の嵐山校にほど近い車折《くるまざき》神社に宮司としてやってきたのが、文人として名高い画家の富岡鉄斎でした。

鉄斎は1836（天保7）年、京都三条衣棚の法衣商の家に生まれました。若き日より数々の学問を修め、学者として道を歩み、神官も務めた人物です。また、書画もよくし、無二の文人画家として多くの作品を残していました。

そんな鉄斎が地域の神社に着任したことを聞いた下嵯峨地域の代表は、鉄斎の所へ行き「学校に通う子どもたちへ絵を贈ってほしい」と頼みました。鉄斎は快諾し、嵐山校へ「魁星図《かいせい》」のついたてを贈りました［写真］。

魁星は北斗七星の第一星を指し、「魁」の字を表すように鬼が斗《ます》を持った姿で絵画化されます。中国では昔から、科挙（役人登用の試験）での一番の合格を願って描かれ、文運をつかさどる神として信仰されてきました。鉄斎は子どもたちの学業成就のため、魁星を描き贈ったのです。漢学に精通していた鉄斎らしい、子どもへのメッセージです。

この「魁星図」は嵯峨小と嵐山小の統合により、長い間嵯峨小にありましたが、戦後嵐山小が再び独立してからは嵐山小の所蔵となり、今も伝わっています。鉄斎が描いた勉強の神様は約130年もの間、嵯峨地域の子どもたちを励まし続けてきたのです。

富岡鉄斎「魁星図」／1888年ごろ、嵐山小蔵

豊臣秀吉と貞教校

東山区の貞教《ていきょう》小学校（現在は東山開睛館に統合）は１８６９（明治２）年、下京第二十九番組小学校として正面通塗師町角に開校し、最初は正面校と呼ばれました。近くには豊臣秀吉公を祭る豊国神社もあり、ゆかりの地に建てられた学校として、秀吉への尊敬の思いを強く持っていたといいます。

それをよく表しているのが１８７６（明治９）年に定められた貞教校の校章で、ひょうたんと桐がデザインされたものです。ひょうたんは秀吉の馬印、桐は家紋として使われたものでした。

また、校舎の建築には特注の軒丸瓦が造られ、そこには千成ひょうたんが彫刻されました。１８７８（明治11）年には豊国神社再興のため社殿が建てられることになり、それに伴って鞘町通正面下ルに移転し、中国の『礼記《らいき》』に由来する貞教小という校名になりました。

その後も学校では太閤秀吉をとても大事にしており、肖像の掛け軸などが所蔵品として今に伝わっています。［写真］は大正から昭和に活躍した画家の植中直斎が描いた作品で、陣羽織姿の秀吉を描いたものです。

明治期には、修身教育において豊臣秀吉の生き方が見直され、小学校で盛んに教えられました。１８８２（明治15）年には宮内庁から勅撰《ちょくせん》修身書であ

植中直斎「豊臣秀吉像」／昭和時代、貞教小旧蔵

る『幼学綱要』が全国の学校に頒布されましたが、その中で秀吉は「敏智」「度量」を持った人物として紹介されています。その他、「立志」の人物としても有名でした。

開化の世の中においては自らの努力によって身を立てること、そのための立志の精神が重要視されました。イギリスのスマイルズの著で中村正直訳の『西国立志編』がベストセラーとなり、小学校で修身教科書として用いられたり、明治天皇の御前講義に用いられたりしました。そうした中、秀吉の立志伝が注目されていたのです。

貞教小の児童にとって、教科書にも載る偉人が身近に感じられることは、秀吉への尊敬をますます強くしたことでしょう。

全国に知られた「孝子儀兵衛」

「孝子儀兵衛」という人物をご存じでしょうか。江戸時代中期の人で、京都の川島村（現在の西京区川岡学区）に住んでいました。

この儀兵衛は、戦前には全国的に知られていました。なぜなら、大正時代から戦前まで、国定の修身教科書に取り上げられ、優れた親孝行を行った人物、すなわち「孝子」として紹介されていたからです。

儀兵衛は四条堀川に生まれ、間もなく葛野郡川島村の農家に養子としてやってきました。家は貧しい上に、養父は儀兵衛が10歳のときに亡くなってしまいます。以後、儀兵衛は苦しい家計を助けるため懸命に働き、自分のことは二の次にして、病弱の養母が生活できるように孝行を尽くしました［写真viページ中］。

教科書にはこのような話が載せられています。儀兵衛が仕事で京都や伏見に行き、帰りが遅くなると、養母は心配して、足も不自由なのに杖《つえ》をついて迎えに行き、外で帰りを待っています。やがて帰ってきた儀兵衛の顔を見ると、安心して涙をこぼしたといいます。儀兵衛もまた母の迎えがありがたいと涙を浮かべ、しばらくお互いにものも言えず、儀兵衛は母の手を引いて家に帰っていきました。

こうした儀兵衛の行いは、江戸時代の心学者布施松翁《しょうおう》がまとめた伝記『西岡孝子儀兵衛行状聞書《ぎょうじょうききがき》』などによって世間に広められました。

その後、1916（大正5）年に文部省が国定教科書資料を募集した際、川岡尋常高等小学校の鈴木岩人《いわと》校長がその話を応募、採用され、孝子儀兵衛は全国に知られるようになったのです。儀兵衛の墓がある冷聲院《りょうしょう》へは小学生が遠足で訪れることも多かったといいます。

また、孝子儀兵衛は絵画の題材にもされました。画家が手掛けた掛け軸が

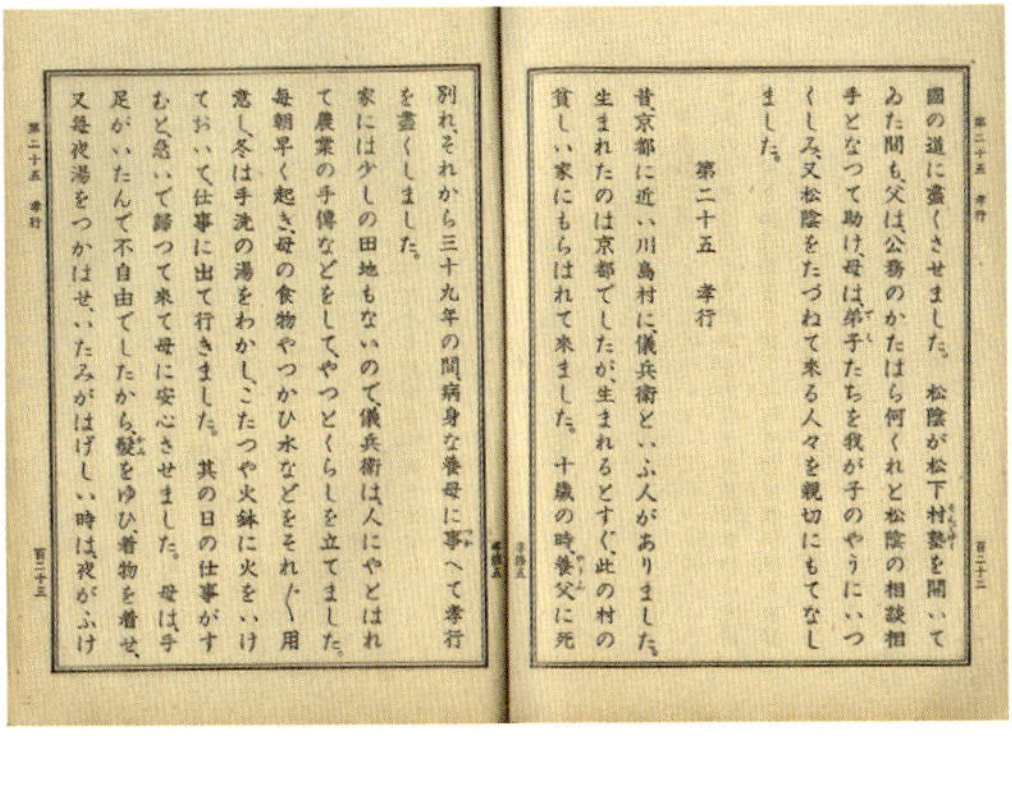
第二十五　孝行
百二十二

國の道に盡くさせました。松陰が松下村塾を開いて
ゐた間も、父は、公務のかたはら何くれと松陰の相談相
手となつて助け、母は、弟子たちを我が子のやうにいつ
くしみ、又松陰をたづねて來る人々を親切にもてなし
ました。

第二十五　孝行

昔、京都に近い川島村に、儀兵衛といふ人がありました。
生まれたのは京都でしたが、生まれるとすぐ、此の村の
貧しい家にもらはれて來ました。十歳の時、養父に死
別れ、それから三十九年の間、病身な養母に事へて孝行
を盡くしました。
家には少しの田地もないので、儀兵衛は、人にやとはれ
て農業の手傳などをして、やつとくらしを立てました。
毎朝早く起き、母の食物やつかひ水などをそれぞれ用
意し、冬は手洗の湯をわかし、こたつや火鉢に火をいけ
ておいて仕事に出て行きました。其の日の仕事がす
むと、急いで歸つて來て母に安心させました。母は、手
足がいたんで不自由でしたから、髪をゆひ、着物を着せ、
又毎夜湯をつかはせ、いたみがはげしい時は、夜がふけ

第二十五　孝行
百二十三

儀兵衛が取り上げられた教科書の表紙（右）と儀兵衛を紹介したページ／1939年、文部省編「尋常小学修身書　巻五」

学校に飾られていた例も見られ、京都出身の儀兵衛を誇り、尊敬していたことがうかがえます。

絵描き村――衣笠の芸術、子を見守る

京都市北区衣笠地域の小学校に伝わる「学校のたからもの」をご紹介します。小野竹喬《ちっきょう》や宇田荻邨《てきそん》といった著名な日本画家たちが描いた作品で、子どもたちが集まる教室や校長室に今でも飾られています。

衣笠の地に学校ができたのは１８７３（明治６）年。平野神社の境内につくられた小北山学校（のちに平野小に改称）が始まりでした。その後、１９１８（大正７）年の市域拡張に際して衣笠村は京都市に編入され、平野小は衣笠小に改称します。そして、衣笠小から分かれ、31（昭和６）年に大将軍小、65（同40）年には金閣小が開校しました。

大正から昭和にかけて、市への編入を契機に住宅が増え始めると、市内に居た日本画家たちが次々と衣笠へ移り住むようになります。山水と向き合い、花や鳥を写生して作品を制作していた画家たちにとって、衣笠の自然はとても魅力的だったのです。

一人、二人とアトリエを構えると、画家の友人、同志、師弟の関係にあっ

小野竹喬「風景図」／1923年ごろ、衣笠小蔵

た者たちが後を追うように移住し、昭和10～20年代には70人以上の画家が衣笠で制作を行っていました。まさに衣笠は「絵描き村」だったのです。

そうした画家たちは地域の小学校に多くの作品を寄贈しています。

1923（大正12）年、等持院近くに移住した小野竹喬は、自分の子が通う衣笠小学校に「風景図」［写真前ページ］を贈りました。穏やかな山水景の中、一人の人物が友人の家を訪ねていく場面を描く詩情豊かな作品です。

宇田荻邨は北野白梅町の南辺りに住んでおり、地域の大将軍小学校にはその作品「山桜図」［写真右］が伝わっています。学校の創立記念に寄贈されたもので、衣笠の名所、平野神社の桜を思わせます。

衣笠の自然が育んだ芸術は、今も学校に通う子どもたちを見守っています。

伝統産業への誇り伝える西陣織の屏風

上京区の西陣小学校（現在は西陣中央小に統合）には機織りの町ならではの歴史資料が所蔵されていました。1892（明治25）年に制作された「西陣織裂貼交《きれはりまぜ》屏風」［写真左］は、各織元の名前とともにそれぞれが織った西陣裂を集めて貼った、まさに職人仕事の結晶。華やかで美麗な作品です。

この屏風が作られたころ、西陣の地は活気に満ちていました。明治に入っ

宇田荻邨「山桜図」／1931年ごろ、大将軍小蔵

「西陣織裂貼交屏風」（部分）／1892年、西陣小旧蔵

て西陣織の近代化が進み、フランス製のジャカードと呼ばれる文様織の機械の輸入によって、多様な文様や意匠を表すことが可能になります。

また、西陣の技術は1888（明治21）年、東京に明治宮殿が竣工されるに当たって大きく発揮されました。皇居用装飾織物の仕事が西陣に発注されたのです。

この仕事は職人たちの大きな自信となり、西陣織が一層発展する契機となりました。地元から学校に寄贈されたこの屏風を見ると、そうした職人たちの自信と誇りが伝わってくるようです。

他にも、室町小、翔鸞小、元・成逸小（いずれも上京区）などには大正、昭和期の西陣織裂が貼られた屏風が伝わっています。

また、西陣小の校内には機業をテーマにした大きな絵画作品が飾られていました。1913（大正2）年に上京区の桃薗小学校を卒業し、菊池契月に師事した日本画家喜多川玲明の作品「機織図」［写真右］には、機業地の家内労働の様子が描かれています。桃薗学区に生まれた喜多川が子どものころから日常的に見ていた光景なのでしょう。

他に、下京区の格致小学校を1926（大正15年）に卒業し、図案集なども多く著した福岡玉僊の作「絲《いと》を繰る」などが残っています［写真左］。

小学校に飾られてきたこれらの作品からは、地域と学校の強い結びつきが

福岡玉僊「絲《いと》を繰る」／昭和時代、西陣小旧蔵

喜多川玲明「機織図」／1936年ごろ、西陣小旧蔵

感じられます。伝統産業が学びやの中にしっかりと息づき、子どもたちに伝えられてきたことを物語っています。

陶磁器コレクション、代々の名工が寄贈

五条通の東端、大和大路通から東には、五条坂や清水坂、茶碗坂という焼き物の名産地があります。この地域は昔から京焼、清水焼の生産が盛んで、陶工の家や登り窯が多く構えられており、焼き物の町として知られてきました。代々の名工たちがこの地域で育ち、地元の小学校に通っていたことでも知られています。

いかにたくさんの陶工を輩出してきたのか。それは東山区の小学校に残る卒業生からの寄贈品を見れば分かります。小学校の校長室などに、立派なつぼなどが1、2点飾られているのはよく見る光景です。ところが、例えば閉校前の六原小学校（現在は東山開睛館に統合）の校長室には棚いっぱいに20以上もの寄贈陶磁器が飾られており、ギャラリーさながらでした。

その他、同校には実に50点以上の作品が所蔵されており、長年かけて、陶工が輩出されるたびに寄贈品が増えていったことがうかがえます。

粟田小、新道小、清水小（元・安井小）、六原小、貞教小、修道小（いず

五代清水六兵衛（六和）「緑釉向日葵文花瓶」／大正～昭和時代、六原小旧蔵

れも現在は東山開睛館に統合）などが所蔵する陶磁器は、合計すると２５０点を超えます

陶工たちにとっても、小学校時代に先達の作品が身近に見られたことは良い経験となり、また、身を立てた後に自身の作品が寄贈コレクションに加わることはとても誇らしいことでした。

六原小学校には、京都の陶芸界を大きくリードした五代清水《きよみず》六兵衛（六和）の「緑釉向日葵《ひまわり》文花瓶」［写真前ページ］が所蔵されていました。六和は六原小を卒業、その子である六代清水六兵衛も同校に通っており、親子二代で母校へ作品を贈っています。

また、文化勲章も受章した楠部彌弌《やいち》は粟田小学校の出身で、１９２８（昭和３）年の校舎増築を記念して母校に「黒釉牡丹《ぼたん》唐草文壺《つぼ》」を寄贈しました。京都市立美術大学（現・京都市芸大）の学長も務めた近藤悠三は14（大正３）年に安井小学校を卒業し、後に「薊染付《あざみそめつけ》壺」［写真］が贈られています。

こうしたコレクションの一部は統合後に東山開睛館へ移動され、今も児童にとって身近なギャラリーとなっています。

近藤悠三「薊染付壺」／昭和時代、安井小旧蔵

画仙人・小松均と大原校

左京区にある小中一貫校・京都大原学院には宝物として伝わる美術品があります。１枚は立派な赤富士を描いたもの［写真右］、もう１枚は勇猛な牛を描いた作品［写真左］です。

これらの作者は大正から平成にかけて活躍した画家の小松均で、大原に住み、その風景を多く描きました。１９０２（明治35）年山形に生まれ、23歳のとき、展覧会で知遇を得た土田麦僊《ばくせん》に師事するため京都に出ました。あるとき、麦僊に紹介され大原の地を訪ね、その豊かな自然に魅せられたといいます。

その後、この地に移住することを決意しました。俗世や画壇のしがらみから離れて、清らかな水、美しい合歓《ねむ》の木に囲まれながら、畑を耕し、鶏を飼って自給自足の生活を送りながら絵を描き続けるためでした。長い白髭《ひげ》をたくわえたその姿も相まって、「画仙人」と呼ばれ、大原の人々に愛されました。

大原に小学校が開校したのは１８７５（明治８）年のことです。ここは山間部でしたが、寂光院や三千院など歴史のある寺院が多く、江戸時代から寺子屋によって子どもの教育は熱心に行われていました。その寺子屋の流れを引き継ぎ、郡中小学校として出発し、１９４９（昭和24）年京都市に編入さ

小松均「牛」／昭和時代、京都大原学院蔵

小松均「赤富士」／1975年ごろ、京都大原学院蔵

れました。75（同50）年には創立100周年を迎え、その記念にと小松から「赤富士」を寄贈されたのです。

富士は小松が多く描いた画題でした。雄大な姿が力強く濃い墨線でかたどられ、強烈な赤の色彩が見る人を圧倒します。牛図もまた、即興的な墨線が生命の力強さを表しています。大原を愛した画家小松均のことは、こうした作品とともに学校や地域全体で伝えられていくことでしょう。

子どもを励ます、湯川秀樹博士の墨書

日本で初めてノーベル物理学賞を受賞した湯川秀樹博士は、東京に生まれ、1歳のときに京都に移りました。1919（大正8）年に上京区の京極尋常小学校を卒業しています。幼少期には祖父から教えられ漢籍の素読を始めました。難しい漢字の群れがページを埋め、湯川少年にとっては恐ろしく固い壁であったといいます。つらくて逃れたい勉強でした。

しかし、後にこの素読の経験が決して無駄ではなかったと語っています。文字への抵抗をなくし、漢字に親しんでその後の読書を容易にしてくれたものとなったのです。

その他、小学生のときには書家の山本竟山《きょうざん》に書を学び、祖父からは四書五

経を口授されるなどして漢学を深めていきました。老荘の思想に心動かされ、李白の言葉に共感し、生涯古典文学や東洋の思想などへの思索を大事にしていました。

湯川博士にとってこれらと物理学とはまったく別のものではなく、東洋思想の言葉などを通して、物理学への思索を深めることも多かったといいます。

母校である京極小学校には、湯川博士の墨書が今も残されています［写真］。ノーベル賞受賞の3年後、1952（昭和27）年に同窓生の依頼で寄贈されたものです。

書かれたのは「君子学則愛人」の文字。君子が道を学べば人を愛するようになる、という論語の一節で学びの大切さを説いたものです。力強く、子どもを励ますような実直な字で書かれているのが印象的です。

あるいは、自身の幼少期に論語を素読したことを思い出しながら書いていたのかもしれません。祖父と一緒に「シ、ノタマワク…」と声を出して本を読んだ経験が、研究人生にとって大きな礎となったことを物語る作品です。

1969（昭和44）年にあった京極小の創立100周年には湯川博士記念講演会が行われました。そのときの写真や「君子学則愛人」の墨書とともに、今も京極の子どもたちに偉大な先輩として尊敬を集めています。

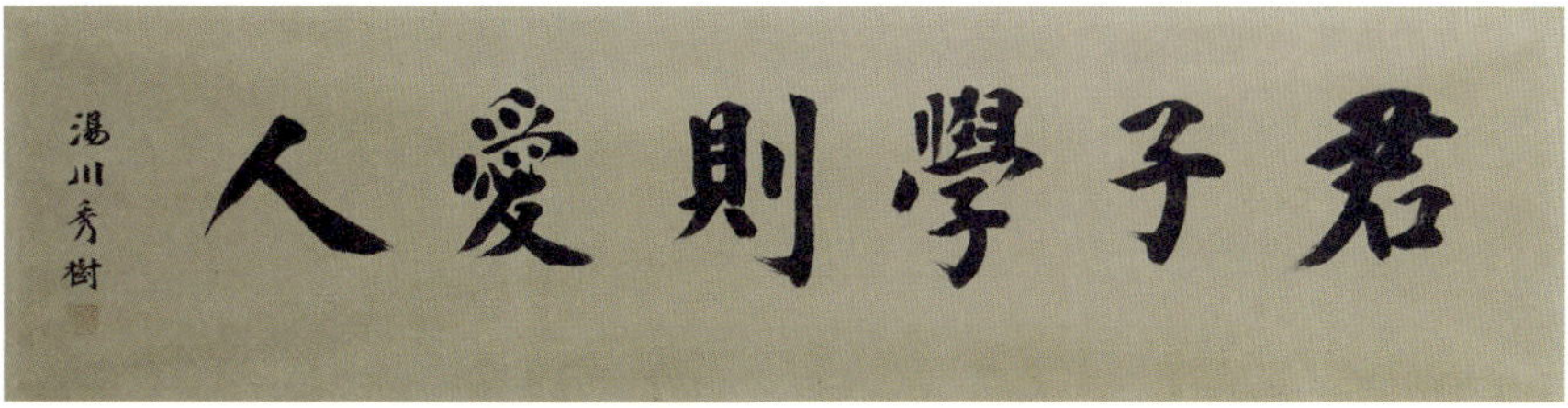

湯川秀樹「君子学則愛人」／1952年、京極小蔵

ノーベル賞受賞、朝永博士の母校訪問

1965（昭和40）年、朝永振一郎博士がノーベル物理学賞を受賞したというニュースを受けて、出身校である左京区の錦林小学校は喜びにわきました。当時の同級生たちが学校に集まり、在学時の様子が分かる資料などを展示した朝永コーナーが校内に設けられたり、博士に続く子どもをと理科室が拡充されたりしました。

そして、直接子どもへ講演をしてもらいたいと依頼がなされ、翌年2月12日、朝永博士の来校が実現したのです［写真］。子どもを前にして、「自分の小さいときはたいへん弱虫でしてね…」と、優しい口調で自身の幼いころの思い出を語ったといいます。

朝永博士は1906（明治39）年東京に生まれ、哲学者だった父親が京都帝国大学の教授になったことをきっかけに小学1年のとき京都へ移りました。体が弱く、病気がち、繊細でよく泣いていた子どもでしたが、理数科目の勉強は幼いころより好きだったといいます。

このころ、小学校では運動場や体育館に生徒を集めて、鉄の針金を酸素中で燃焼させたりするなどの理科実験がよく行われており、こうした経験を通してもよく物理や化学に触れていたのでしょう。その後、京都一中、第三高

ノーベル賞受賞後に母校を訪れた朝永振一郎博士／1966年、錦林小蔵

等学校、京都帝大へと進み、物理学の道を探究することになりました。朝永博士が錦林小来校の際、将来を担う子どもたちのために贈った「のび行け錦林の子」と書かれた色紙は、今も大事に伝えられています［写真］。

同じく錦林小の出身に、文化勲章も受章したフランス文学者の桑原武夫がいます。戦後、京都大学人文科学研究所を拠点に、新京都学派として日本の人文科学研究を主導しました。実は、１９６３（昭和38）年から69（同44）年の時期、学界を代表する日本学術会議の会長を朝永振一郎が、副会長を桑原武夫が務めていました。錦林小の校長はこれを喜び、「日本の学界は、わが錦林校が支えている」と語ったそうです。２人の偉大な先輩の存在は児童の心の励みとなっています。

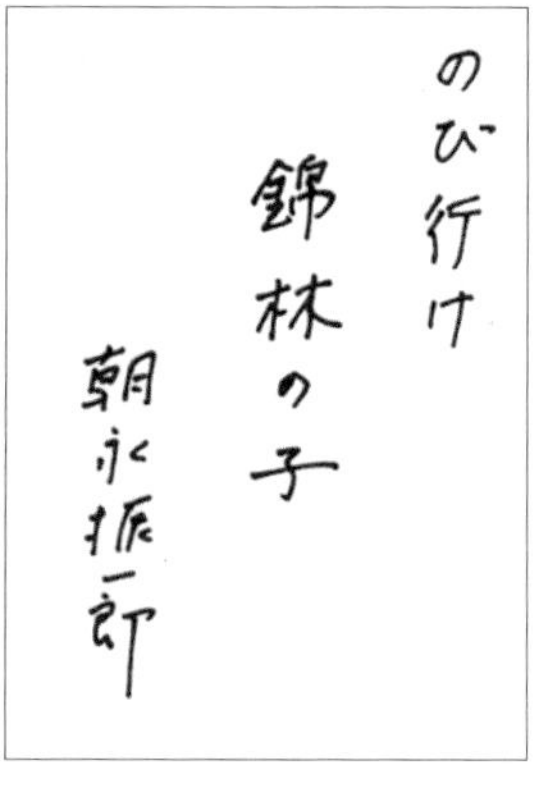

朝永博士が錦林小に贈った色紙

【主な参考文献】

神崎憲一『京都に於ける日本画史』（京都精版印刷社、１９２９年）
京都市編『京都市大礼奉祝誌』（京都市役所、１９３０年）
湯川秀樹『旅人　ある物理学者の回想』（朝日新聞社、１９５８年）
朝永振一郎『わが師わが友』（講談社、１９７６年）
辻ミチ子「町組と小学校」『季刊論叢日本文化８』（角川書店、１９７７年）
京都市美術館監修『京都画壇　江戸末・明治の画人たち』（アート社出版、１９７７年）
原田平作『幕末明治　京洛の画人たち』（京都新聞社、１９８５年）
金子一夫『近代日本美術教育の研究　明治時代』（中央公論美術出版、１９９２年）
金子一夫『近代日本美術教育の研究　明治・大正時代』（中央公論美術出版、１９９９年）
秋山美津子「元聚楽小学校蔵「和漢故事人物図」屏風について」『文化学年報』（同志社大学文化学会、２００３年）
滋賀県立近代美術館　國賀由美子、栃木県立美術館　橋本慎司編『高田敬輔と小泉斐　江戸絵画にみる画人たちのネットワーク』（滋賀県立近代美術館、２００５年）
京都府立堂本印象美術館（島田康寛、山田由希代）編『特別企画展　ＫＹＯＴＯきぬがさ絵描き村――印象・平八郎・神泉・竹喬・華楊――』（京都府立堂本印象美術館、２００７年）
湯浅邦弘『江戸時代の親孝行』（大阪大学出版会、２００９年）
森光彦「久保田米僊筆《孟母断機図》（元尚徳中学校蔵）について――教育における絵画の「用」――」『京都市学校歴史博物館研究紀要　第１号』（京都市学校歴史博物館、２０１２年）

第一部◆学校史

あとがき

和崎 光太郎

歴史の記述というのは、多種多様な多くの歴史資料（以下、史料）に基づいて歴史的因果関係の連続を明らかにするのが主流です。しかし本書では、逆の方法をとりました。まず史料を先頭に立て、史料が我々に教えてくれる歴史的事実が何なのかを明らかにしていく方法です。史料を用いて語るのではなく、史料に語らせる、ということです。この試みが、はたして成功したのか否か。それは読者に判断を仰ぐしかありません。

ただし、史料は自らの力で語ることのできる範囲に限界があります。そもそも史料が作られ、使われていた時に、それが歴史を「語る」ことなどは誰にも意識されてはいません。史料を他の関連する史料群や文献の中に置き、史料が使われていたころの歴史的背景を重ね合わせることで、初めて史料は「語り」出すことができるのです。このプロセスの積み重ねで、本書は誕生しました。つまり、主役になっている史料だけではなく、本書に登場していない史料たちと、歴史的背景を教えてくれる多くの文献のおかげで、誕生することができたのです。

本書サブタイトルの「学校史」は、一般の読者の方にとってはあまり見慣れない表現かもしれませんが、あえて学校史にしました。学術的な世界では、似たような表現として「教育史」という言葉があります。両者の違いはどこにあるのでしょうか。

よく、教育史は教育全般を扱い、学校史は学校教育だけを扱うと思われがちなのですが、そうではありません。本書を読まれた方はもうおわかりでしょうが、学校は教育のためだけの場ではありません。番組小学校に代表されるように、学校は地域とともにあり、時代の最先端を行く建築や文化財を有する場でもありました。つまり、教育史ではなく学校史とすることで、教育に限定することなく、学校のありのままの姿を語ることができるのです。

第一章・第二章は、京都市学校歴史博物館の常設展示室の史料を中心に組み立てています。第三章・第四章・第五章に登場する史料は、各章それぞれ、京都市学校歴史博物館での企画展「戦争と学校――戦後七〇年をむかえて――」(２０１５年７月～９月)、「京都の高等女学校と女学生」(２０１４年12月～翌年３月)、「京都における特別支援教育のあゆみ」(２０１５年12月～翌年３月)に展示した史料です。どの企画展も、計１００点以上の史料が展示されており、それらはすでに展示室に並ぶ段階で、選び抜かれた史料です。いわんや、本書に登場した史料たちは、さらにそこから選び抜かれたわけで、「選り抜きの選り抜き」です。しかし、一点の史料の背後には、数十、数百といった史料群があり、それらのおかげで一点の史料が歴史を語ることができるのです。学校史料は、実に多様で雑多ですが、無駄な史料は一つもありません。たとえ「役に立たない」と判断される史料があったとしても、その判断は見ている人の現時点での判断にすぎません。違う人が見たり、数年後に改めて見たら貴重な史料になる、ということも多々あります。

本書は、元々は新聞連載企画ですが、書籍化するにあたって、余計な重複箇所はすべて省きました。また、全章を通して読みやすいように加筆修正をほどこし、注釈を付け、簡潔な年表を作成しました。

ただ、思い残したことが二つあります。一つは、閉校した学校を含めると300をゆうに超える京都市内の学校すべてに言及できなかったこと。もう一つが、当然ながら近代京都の学校史を一冊の本で語り尽くすことなど到底不可能なのですが、それにしても本書ではそのほんの一部分にしか触れられなかったことです。この二つを達成するには、おそらく本書の数十倍もの紙幅が必要になるのでしょうが、やはり心残りです。

最後に、これまで京都市学校歴史博物館に史料を提供していただいたみなさま、展示を観ていただいたみなさま、折に触れてはげましの言葉をかけてくれたみなさまに、感謝申し上げます。

第二部◆美術史

あとがき

森　光　彦

京都の学校には、美術作品が多く所蔵されている。

こう言ったとき、すぐにピンと来る人は多くありません。図画の授業などで描かれた子どもの作品のことかと思われることもしばしばですが、そうではありません。本書で主に取り上げたのは、明治時代から学びやを豪壮華麗に彩ってきた美術工芸品です。

平成24年、学校歴史博物館に来て2年目だった私は、館のコレクションを勉強するため、「学校で出会う　京都の日本画」と題した所蔵品展を担当することになりました。予備調査では収蔵庫内にある作品に加え、小中学校や幼稚園など市立学校の、校舎内にある作品を見て回ったのですが、本当に驚きました。学校の玄関には画が描かれた衝立が置かれ、廊下や教室には絵画の額が飾られていました。また、畳敷きの作法室には軸が掛けられ、陶磁器が置かれて、屏風が立てられていました。それらは、有名画家が手掛けたもので、全国的にも美術的価値が高く、また近代京都の芸術界の歴史をよく示す作品でした。「こんなところに、こんな作品が…」といちいち驚きながら校内を歩いたことを記憶しています。本書のもととなった新聞連載では、それらをできるだけ多く紹介することで、京都の「学校を飾る文化」を知ってもらおうと考えました。

そして、紹介するに当たっては、絵画的特徴といったことより、学校とのつながりを示すエピソード、例えば学校で美術品が必要とされた背景や、作家と学校の関係を中心に書こうと考えました。それは、次のような経験からです。

ある日、私が、明治期の寄贈記録をもとに、画家の作品を探して小学校をうろうろしていると、子どもたちに「何してんの？」と声をかけられました。「絵ェ探してんねん。昔の人が描いた絵やねんけど」と答えると、「女の人が描いてある古い絵やったら、向こうにあるよ」と教えてもらいました。子どもたちも、普段絵のことをよく見て知っているのか、と思ったとき、学校所蔵の美術作品が持つ独特の性格が分かった気がしました。明治時代から150年近く、学校の中にあり続けてきたコレクションは、いつの時代も子どもたちの目に触れることで残ってきたのです。自分たちの学校にこんな美術品がある、という記憶。また、大人たちが教えてくれる、その作品にまつわるエピソード。それらが世代をこえて語られることにより、学区のなかで伝えられてきたものなのです。これらはまさに、「学校のたからもの」であり「学区のたからもの」といえるでしょう。

個人の所蔵家によって保管されてきた美術品とは大きく異なる性格です。さらに大事なことは、芸術家たちもまた、学校に通う子どもに見てもらうために制作し、寄贈したということです。そのため、学校コレクションは全体にやさしさ、穏やかさ、喜びといった雰囲気を持っています。誰のために、どんな思いで制作されたかということが、きちんと伝わっている美術作品は、本当に幸せだと思います。こうしたコレクションとしての独自性を明らかにするために、学校とのエピソードに注目することにしました。

「学校を飾る」という京都の町衆文化と、作品に込められた、学校をめぐる多くの人の思い。それがテーマですが、やはり本書は、肩の力を抜いて、昔の学校への「タイムスリップ」を楽しんでください。それが一番です。

最後になりましたが、作品調査及び図版の掲載に当たってご協力いただいた関係者の皆様と、編集、出版にご尽力いただいた京都新聞社、京都新聞出版センターの皆様に心から感謝申し上げます。

学びやタイムスリップ　近代京都の学校史・美術史

発 行 日 2016年10月31日　初版発行

編　　者 京都市教育委員会京都市学校歴史博物館
〒600-8044 京都市下京区御幸町通仏光寺下る橘町４３７
TEL 075-344-1305 ／ FAX 075-344-1327
http://kyo-gakurehaku.jp/

執 筆 者 和崎光太郎（京都市学校歴史博物館学芸員）
森　光彦（京都市学校歴史博物館学芸員）

発 行 者 田中克明

発 行 所 京都新聞出版センター
〒604-8578 京都市中京区烏丸通夷川上ル
TEL 075-241-6192 ／ FAX 075-222-1956
http://www.kyoto-pd.co.jp/

印刷・製本 株式会社図書印刷同朋舎

ISBN978-4-7638-0690-1 C0021

第一部学校史関連年表

西暦と和暦で日付が異なるため、明治５年までは和暦にしています。

年　　号	事　　項	関連ページ
元治元（1864）	このころから政争で京都市中が混乱（どんどん焼けなど）。	10,12
慶応２（1866）	福沢諭吉『西洋事情　初編』が刊行される。	10
慶応４（1868）	閏４月京都府が設置される。	10
	８月西谷良圃が京都府に小学校構想を提出する。	11
明治元（1868）	９月京都府が「小学校設立計画の示達」を出す。	11
明治２（1869）	５月最初の番組小学校が開校し竈金の制度が始まる。	11,16
	10月最初の小学校会社が設置される。	16
明治３（1870）	12月京都舎密局が開局される。	35
明治４（1871）	８月京都府独自の「小学課業表」が作成される。	28
	11月京都府が「府下各郡小学校建営心得告示」を出す。	18
明治５（1872）	２月最初の郡中小学校が誕生する。	17
	４月新英学校及女紅場が開設される。	61
	８月国による最初の教育法令「学制」が出される。	31
1873（明治６）	１月太陽暦に改暦される。	
1877（明治10）	このころから石盤・石筆の使用が広まる。	33
1878（明治11）	京都盲唖院が創設される。	71
1881（明治14）	国が「夏季休業日」（夏休み）を定める。	43
1886（明治19）	国が「小学校令」「小学校ノ学科及其程度」を出し、現在の小学校の原型が定まる（尋常小学校の誕生）。	32

1887（明治20）	このころから京都で唱歌教育が始まる。	39
1892（明治25）	学区制度が始まる。	21
1897（明治30）	公同組合の設置が始まる。	23
1899（明治32）	国が高等女学校令を定め、以後京都で高等女学校が急増する。	62
1900（明治33）	全国の尋常小学校の授業料が無償化される。	37
1905（明治38）	全国唯一の公認児童図書館として私立修道児童文庫が開設される。	42
1906（明治39）	淳風尋常小学校に春風倶楽部が創設される。	72
1909（明治42）	白川学園が創設される（当初は府立）。	72
1920（大正９）	日本最初のセーラー制服が平安高等女学校で制定される。	64
1925（大正14）	このころから尋常小学校で鉛筆とノートが普及し始める。	34
1933（昭和８）	田村一二が滋野尋常小学校の「特別学級」担任に就く。	74
1934（昭和９）	室戸台風が京都市を直撃する。	25
1937（昭和12）	日中全面戦争が始まる。	44,68
1941（昭和16）	３月学区制度の廃止が決定される。	25
	４月尋常小学校が国民学校初等科になる。	38
	12月対米英開戦で本格的な戦時体制に突入する。	44,68
1943（昭和18）	このころから各学校で戦時色が濃くなり、中等教育の学校では学徒動員が始まる。	48,69
1944（昭和19）	「学童疎開促進要綱」が閣議決定される。	50
1945（昭和20）	３月京都市で第一次学童集団疎開が始まる。	50
	８月いわゆる「玉音放送」で敗戦が伝わる。	51
	９月連合国軍の進駐が始まる。	52

1946（昭和21）	11月日本国憲法が公布される。	74
1947（昭和22）	3月教育基本法と学校教育法が制定される。	74
	4月生祥小学校に戦後最初の「特別学級」が設置される。	76
	5月新制中学校が開校。	56
1948（昭和23）	4月新制高等学校が開校。	58
	10月新制高等学校が再編される。	59
1958（昭和33）	全国5番目の肢体不自由養護学校である呉竹養護学校が開校。	77
1973（昭和48）	6年後の養護学校義務制実施が決まり、以後全国的に養護学校が急増。	81
2004（平成16）	市立養護学校に総合制・地域制が導入され、職業学科が開設される。	82

第二部美術史関連年表

年号	事項	関連ページ
慶応4（1868）	9月京都府が「小学校設立計画の示達」を出す	
明治3（1870）	1月稽古始めの式が執り行われる。	90
明治4（1871）	京都府が西洋時間による時報を行うよう学校へ布達。	140
明治5（1872）	5月福沢諭吉が京都の学校を視察。	123
	8月上嵯峨小学校が開校。	141
	日彰小、児童数増加により高倉六角に校舎を拡張移転する。	138-139

1873（明治６）	川端小学校が開校。	141
	御室小の新校舎設立に際し皆明寺が建物を寄進。	106
	小北山小学校が開校。	146
1874（明治７）	12月尚徳小新校舎落成を記念し、久保田米僊「孟母断機図」（尚徳中旧蔵）制作。	93,122
1875（明治８）	中島有章「大聖文宣王・天満大自在天神」（本能小旧蔵）制作。	90-92
	大原小学校が開校	151
1876（明治９）	柳原町が道正庵内の建物を町役場に充てるため購入。	107
1877（明治10）	「開智校写生画巻」（開智小旧蔵）このころ描かれる。	ii ,88
	８月嘉楽小校舎移築を記念し、久保田米僊「嘉楽校之図」（嘉楽中旧蔵）制作。	89
1879（明治12）	明治天皇によって教育方針である「教学大旨」が示される。	108
1880（明治13）	天野方壺「墨竹図」（竹間小旧蔵）制作。	102,103
1881（明治14）	上村松園が開智小に入学。	126
1882（明治15）	月岡芳年が挿絵を手がけた『錦絵修身談』巻1が発行される。	vi,108-109
	宮内庁から勅撰修身書『幼学綱要』が全国の小学校に頒布。	143-144
1887（明治20）	久保田米僊「園児遊戯図」（尚徳中旧蔵）このころ描かれる。	iii,112
1888（明治21）	富岡鉄斎が車折神社の宮司に就任、このころ「魁星図」（嵐山小蔵）を嵐山校に寄贈。	142
	明治宮殿竣工、室内装飾を西陣地域が請け負う。	148
1892（明治25）	「西陣織裂貼交屏風」制作。	147
1893（明治26）	森川曾文による毛筆画教科書『小学日本画初歩』発行。	114-115

1894（明治27）	巌谷小波『日本昔噺』第1編「桃太郎」が出版される。	118
1898（明治31）	原在寛が京都市第一高等小学校卒業記念画を制作。	127
1907（明治40）	菊池契月「姜詩妻」（明倫小旧蔵）このころ描かれる。	94-96
1908（明治41）	内海吉堂「松鶴図」（明倫小旧蔵）制作。	100
1910（明治43）	千種掃雲「源氏物語横笛図」（教業小旧蔵）制作。	92写,93
1912（大正元）	安井曾太郎「カーネーション」（生祥小旧蔵）制作。	125
1914（大正３）	太田喜二郎「麦秋」（桃薗小旧蔵）制作。	94
	国井応陽「生祥顕瑞図」（生祥小旧蔵）制作。	100,101写
1915（大正４）	大正天皇即位を記念して橋本関雪ほか「御大典記念書画帖」（錦林小蔵）制作。	120
1916（大正５）	文部省が国定教科書作りのため資料募集を行う。	145
1918（大正７）	富岡鉄斎「日新其徳」（中立小旧蔵）制作。	128
	竹間小50周年を記念し、上村松園ほか「組内画家記念揮毫画」（竹間小旧蔵）制作。	130,133
	市域拡張に際して衣笠村が京都市に編入される。	146
1919（大正８）	湯川秀樹が京極尋常小学校を卒業。	152
1920（大正９）	竹内栖鳳、息子の小学校卒業のお礼に「虞美人草」（学校歴史博物館蔵）を担任教師に贈る。	135
1921（大正10）	本能小の校舎、火災により大半が焼失。	93
1923（大正12）	本能小新校舎落成を記念し、西村五雲「油断大敵」（本能小旧蔵）制作。	v,93
	開智小が京都で初めての自動電気時報を採用。	140
	小野竹喬「風景図」（衣笠小蔵）制作。	147
1927（昭和２）	下鴨小新校舎落成を記念し、福田平八郎「双葉葵図扇面」（下鴨小蔵）制作。	131
1928（昭和３）	昭和天皇即位の礼が京都御所で行われる。	119

1931（昭和６）	明倫小で新築の鉄筋校舎が落成。	119
1932（昭和７）	澤部清五郎、孫の入園記念に「草花図」（翔鸞幼蔵）を寄贈。	135
1935（昭和10）	幸野西湖「酔李白図」（嵯峨小蔵）、幸野豊一「仔鹿」（嵯峨小蔵）制作。	133写,134
1937（昭和12）	竹内栖鳳「雄飛報国之秋」制作、国民精神総動員運動のポスター原画となる。	136
1938（昭和13）	富有小の校舎増築を記念し、堂本印象「菊図」（富有小旧蔵）制作。	132
1949（昭和24）	大原村が京都市に編入。	151
	湯川秀樹が日本人初のノーベル物理学賞を受賞。	152
1952（昭和27）	湯川秀樹、同級生の依頼で墨書を京極小に寄贈。	153
1956（昭和31）	秋野不矩「青年」（日彰小旧蔵）制作。	113
1958（昭和33）	北大路魯山人が京都で個展を開催、母校を訪れ「飴釉不老長寿花生」を寄贈。	125
1962（昭和37）	山口華楊「凝視」（格致小旧蔵）制作。	i ,126
1965（昭和40）	朝永振一郎がノーベル物理学賞を受賞。	154
1966（昭和41）	２月錦林小で朝永振一郎が講演を行う。	154
1975（昭和50）	大原小の創立100周年を記念し、小松均「赤富士」（京都大原学院蔵）を寄贈。	152

第二部美術史 画家略歴

秋野不矩（あきのふく、1908-2001）

静岡に生まれる。女子師範学校を卒業後、尋常小学校教師になるが、翌年には辞職。画業を志し、画家の石井林響に師事する。林響の死後は京都の西山翠嶂の塾に入る。官展を中心に活躍し、昭和24（1949）年には京都市立美術大学助教授となった。同37（1962）年に大学客員教授としてインドへ渡り、以後はインドの風物などを作品の題材とすることが多かった。平成３（1991）年文化功労者となり、また、同12（2000）年文化勲章を受章した。

天野方壺（あまのほうこ、1810-1894）

伊予和気郡の漁夫の家に生まれる。天保７（1836）年、京都で中林竹洞に南画を学ぶ。天保９（1838）年からは播磨・備前・備後・安芸・出雲・石見・因幡など各地を旅行し、勝景の写生を行った。その後九州、四国などに遊ぶ。弘化元（1844）年には丹後・丹波に遊び再び京都に戻る。こうして方壺は15歳から21歳にかけて西日本各地を歴遊した。京都に戻ると、日根対山に学び、すぐに江戸に行き椿椿山にも学んだという。蝦夷地などに遊んだのち、明治３（1870）年、47歳で中国上海にわたり胡公寿に学ぶ。その後美濃を経て同８（1875）年に京都に移り、以後は住居を定めた。同13年（1880）、京都府画学校南宗出仕となるが、同16（1883）年退任した。

猪飼嘯谷（いかいしょうこく、1881-1939）

四条派の谷口香嶠に師事した画家。京都市立美術工芸学校を卒業、その後京都市立絵画専門学校にて教師を務めた。昭和５（1930）年宮内省の命により「大正天皇大礼絵巻」を制作するなど、歴史画を得意とした。

石崎光瑤（いしざきこうよう、1884-1947）

富山県福光町に生まれる。明治29（1896）年東京で琳派の山本光一に師事する。同36（1903）年京都に出て竹内栖鳳に師事。大正元（1912）年第６回文展に初入選。５、６年にはインドに旅行し、取材の成果を作品にした「熱国妍春」「燦雨」がそれぞれ大正７（1918）年の第12回文展、翌８（1919）年の第１回帝展で特選となる。同11(1922)年にはヨーロッパを外遊した。同14（1925）年京都市立絵画専門学校助教授、昭和11（1936）年に教授となった。熱帯の花鳥をよく描いた。

今尾景年（いまおけいねん、1845-1924）

衣棚二条北、友禅の悉皆業の家に生まれる。安政２（1855）年、浮世絵師梅川東居に学ぶ。同５（1858）年鈴木百年に入門。明治13（1880）年京都府画学校開校に際し北宗出仕となる。同15（1882）年第１回内国絵画共進会に出品、銅印を受賞。同17（1884）年第２回内国絵画共進会に出品、銅印を受賞。同21（1888）年、京都府画学校嘱託教授となる。同年退職。同26（1893）年シカゴ万博に出品、名誉賞牌を受ける。同28（1895）年第４回内国勧業博覧会に出品、妙技二等賞を受ける。同33（1900）年パリ万博に「春山花鳥図」を出品、金賞を受賞する。同36（1903）年、第５回内国勧業博覧会に出品。同37（1904）年帝室技芸員を拝命。精緻な筆致でありながら温雅な画風でよく知られる。富有小学校には景年自身が寄贈した「松芝萬年図」（明治33年制作）が所蔵されていた。

植中直斎（うえなかちょくさい、1885-1977）

奈良に生まれる。初め大坂の深田直城に学び、のち明治38（1905）年東京へ移住し橋本雅邦に入門。同45（1912）年に

は山元春挙に師事し、官展などで活躍。大正８（1919）年京都に移り、日本自由画壇や早苗会などに出品した。歴史画を得意とする。

上村松園（うえむらしょうえん、1875-1949）
　京都府下京第十三区四条寺町西入ル奈良物町に生まれる（開智学区）。明治14（1881）年開智小学校に入学。同20（1887）年に京都府画学校に入学し、鈴木松年に師事する。翌年松年の辞職に従い退学、松年塾に入門。同23（1890）年、15歳で第３回内国勧業博覧会の１等褒状を得る。同26（1893）年幸野楳嶺に師事し、楳嶺の死後は竹内栖鳳に師事した。同40（1907）年の第1回文展で三等賞を受賞。その後も官展で受賞を重ねる。大正３（1914）年に上京区第十九学区（竹間学区）に画室を移す。昭和16（1941）年に帝国芸術院会員、同19（1944）年に帝室技芸員となる。同23（1948）年には女性としては初の文化勲章を受章した。格調高い人物画を得意とし、女性の理想美を生涯追求した。

上村松篁（うえむらしょうこう、1902-2001）
　京都市中京区四条御幸町に上村松園の長男として生まれる（開智学区）。大正４（1915）年初音小学校を卒業、京都市立美術工芸学校に入学。同10（1921）年京都市立絵画専門学校入学、西山翠嶂に師事。帝展、新文展など官展で活躍する。昭和24（1949）年からは京都市立美術専門学校教授を務める。昭和49（1974）年創画会を設立。同58（1983）年文化功労者、翌59（1984）年文化勲章を受章。生涯を通じて花鳥の美を追求した。

宇田荻邨（うだてきそん、1896-1980）
　三重県松阪に生まれる。大正２(1913)年、京都の菊池芳文に入門。のち菊池契月に師事する。同６（1917）年京都市立絵画専門学校を卒業。同14（1925）年の第６回帝展、翌15（1926）年の第７回帝展において連続で特選を受賞するなど、官展で活躍。昭和４（1929）年に京都市立絵画専門学校助教授、同11（1936）年に同校教授となり教壇に立った。

内海吉堂（うつみきちどう、1849-1925）
　福井に生まれる。京都で円山派の森寛斎、四条派の塩川文麟に学ぶ。明治元（1868）年中国に遊学し、帰国後は南画の道に進む。同21（1888）年京都府画学校に出仕。如雲社やのちの後素協会に所属しながら、内国勧業博覧会などで受賞を重ねる。

太田喜二郎（おおたきじろう、1883-1951）
　京都に生まれる。明治27（1894）年桃薗小学校を卒業、のち京都府立第一中学校卒業。同36（1903）年東京美術学校に入学、黒田清輝に学ぶ。同41（1908）年から大正２（1913）年までベルギーに留学し、美術学校に通いながら新印象派のエミール・クラウスに師事した。帰国後は官展などで活躍し、昭和９（1934）年に紫野洋画研究所を設立。京都市立美術専門学校などで教壇に立った。印象派に学んだ明るい色彩をよく用いた。母校である桃薗小学校には「麦秋」の他、喜二郎が明治神宮聖徳記念絵画館奉納のために描いた作品の習作「日清戦争黄海戦図」（昭和９年制作）も所蔵されていた。

小野竹喬（おのちっきょう、1889-1979）
　岡山県小田郡笠岡村に生まれる。明治36（1903）年京都に出て竹内栖鳳に師事する。同42（1909）年京都市立絵画専門学校別科に入学。黒猫会、仮面会などに入り美術運動を行う。大正７（1918）年国画創作協会の立ち上げに参加。国展解散まで出品を続けた。同10（1921）年欧州に渡り、西洋絵画を学ぶ。同12（1923）

年ごろ北区等持院に転居（衣笠学区）。昭和３（1928）年の国展解散後は官展に復帰し、帝展、新文展などに出品。同22（1947）年帝国芸術院会員、京都市立美術専門学校教授となる。同43（1968）年に文化功労者となる。同51（1976）年に文化勲章を受章。

淡く清新な色彩と洗練されたな線で自然をまっすぐとらえた、詩情豊かな風景画を得意とした。

勝田哲（かつだてつ、1896-1980）

京都に生まれる。大正９（1920）年東京美術学校西洋画科を卒業後、日本画に転じて京都市立絵画専門学校に入学。山元春挙の早苗会に入塾する。昭和４（1929）年の第10回帝展､同６（1931）年の第２回帝展で特選を受賞。昭和11（1936）年京都市立美術工芸学校の教員となり、後身の京都市立美術高等学校、日吉ヶ丘高等学校でも後進の育成に努めた。

神坂雪佳（かみさかせっか、1866-1942）

京都粟田口に士族として生まれる。明治14（1881）年四条派の鈴木瑞彦に学んだのち、同23（1890）年岸光景に図案を学ぶ。図案家としての活動を通じ、工芸図案や琳派の研究に取り組む。明治33（1900）年京都市美術工芸学校の嘱託技師となる。翌34（1901）年グラスゴー博覧会に際して渡欧。同38（1905）年からは京都市立美術工芸学校の教諭を務めた。琳派風の「松図」が鷹峯小学校に所蔵されている。

菊池契月（きくちけいげつ、1879-1955）

長野県中野町に生まれ、はじめ児玉果亭に絵を学ぶ。明治29（1896）年に京都に移り、南画家内海吉堂に学ぶ。のち四条派の菊池芳文門下に入り、芳文の長女と結婚し、婿となる。新古美術展や文展で活躍し、京都画壇の中心となった。大正13（1924）年には画塾を開き、多くの画家を育成した。同７（1918）年に京都市立絵画専門学校教授に就任し、昭和７（1932）年には京都市立美術工芸学校及び京都市立絵画専門学校の校長となった。同９（1934）年帝室技芸員拝命。引き締まった描線を用い、流麗に描かれた女性像でよく知られる。

菊池芳文（きくちほうぶん、1862-1918）

大坂にて、表具師の次男として生まれる。明治14（1881）年幸野楳嶺に入門。内国絵画共進会や内国勧業博覧会で活躍。同27（1894）年京都市美術学校教諭、のち京都市立絵画専門学校教諭となる。大正６（1917）年、帝室技芸員となる。優美な花鳥を多く描き、特に桜を好んで描いた。

北大路魯山人（きたおおじろさんじん、1883-1959）

京都上賀茂神社社家の家に生まれる。６歳のとき竹屋町の彫師であった福田武造の養子となる。明治26（1893）年梅屋小学校を卒業。篆刻家、書画家、陶芸家、美食家など芸術に広く通じる人物として知られる。昭和29（1954）年にはMOMA（ニューヨーク近代美術館）で個展が開催された。

喜多川玲明（きたがわれいめい、1900-1940）

京都に生まれる。大正８（1919）年京都市立美術工芸学校、同11（1922）年に京都市立絵画専門学校を卒業。菊池契月に師事する。主に官展に出品する。昭和８年の第14回帝展に出品した「巨椋の少女」は桃薗小学校に、同11年の改組帝展に出品された「機織図」は西陣小学校にそれぞれ寄贈された。菊池塾にて修得した、清らかな線による女性像を得意とした。

五代清水六兵衛（六和）（きよみずろくべえ、1875-1959）

四代六兵衛の次男として京都に生まれる。明治20（1887）年に幸野楳嶺に入門。翌21（1888）年京都府画学校に入学。卒業後は父に師事する。同29（1896）年京都市立陶磁器試験場が開設されると、そこで陶法の研究を行う。大正２（1913）年に五代を襲名、農商務省展などで活躍する。京都の工芸界を牽引する存在として活動し、息子に家督を譲った後は六和と号し隠居した。日彰小学校には昭和17（1942）年に自身が寄贈した「白磁辰砂彩緋鯉置物」が所蔵されていた。

楠部彌弌（くすべやいち、1897-1984）

京都の陶磁器などを取り扱う貿易商の家に生まれた。明治37（1904）年、粟田小学校に入学。同41（1908）年京都市立第三高等小学校入学。大正元（1912）年に京都市陶磁器試験場附属伝習所に入所。昭和8（1933）年の第14回帝展で特選をとるなど官展で活躍。同47（1972）文化功労者となる。同52（1977）年にはパリ・ルーブル宮で楠部彌弌作陶展を開催。翌年に文化勲章を受章した。

国井応陽（くにいおうよう、1868-1923）

円山応挙の子孫として京都に生まれ、円山派六代を継いだ画家。

久保田米僊（くぼたべいせん、1852-1906）

京都の錦小路に生まれる。慶応3(1867)年鈴木百年に入門。明治11（1878）年、幸野楳嶺、望月玉泉、巨勢小石らと京都府知事槇村正直に画学校設立の建議書を提出する。同13（1880）年京都府画学校開校に際して出仕となるが、過激な政治活動のため間もなく辞職となった。内国勧業博覧会、内国絵画共進会などで活躍。同22（1889）年、パリ万博に出品し、協賛金牌を受賞する。同21（1888）年再び京都府画学校出仕となり、翌年教員となるが､同23（1890）年退職。同23（1890）年京都美術協会を発足させる。同年、徳富蘇峰の国民新聞社に入社、上京。同27（1894）年国民新聞の派出員として日清戦争に従軍。同30（1897）年岡倉天心に請われ、石川県立工芸学校教授となるが、同33（1900）年に眼病のため退職し、翌年失明する。

幸野西湖（こうのせいこ、1881-1945）

幸野楳嶺の子として京都に生まれる。初め父に学び、のち谷口香嶠、竹内栖鳳に師事する。明治34（1901）年に京都市美術工芸学校を卒業、本願寺依頼の制作を受けるなど、幸野家を継いで活動した。

幸野豊一（こうのとよかず、1914-2002）

幸野楳嶺の孫、西湖の子として京都に生まれる。龍池小学校、京都市立絵画専門学校を卒業。西村五雲、山口華楊に師事する。京都府立高等学校教諭や近畿大学女子短期大学教授を務めた。

幸野楳嶺（こうのばいれい、184-1895）

金銀貸付業・町奉行であった安田四郎兵衛の子として京都新町四条に生まれる。嘉永５（1852）年、円山派の中島来章に師事。慶応３（1867）年、中島来章の娘と結婚。慶応年間ごろ、森寛斎宅にて京都に小学校を建てるための寄合を行ったとされる。明治４（1871）年、四条派の絵師塩川文麟に師事する。内国勧業博覧会、内国絵画共進会などで活躍。同11（1878）年、望月玉泉や久保田米僊らと京都府知事に画学校設立の建議を行う。同13（1880）年京都府画学校開校に際して出仕となり、すぐに副教員となる。同14（1881）年画学校を依願退職。同19（1886）年皇居明治宮殿皇后宮常御殿杉戸絵制作の依頼を受ける（翌年完成）。同21（1888）年再び画学校に復職、画学

講話嘱託。同22（1889）年教諭、教頭心得となるが、翌年退職。同23（1890）年京都美術協会の設立に参加。同26（1893）年帝室技芸員を拝命。山水人物花鳥と幅広い画題をこなし、京都らしい優美な画風の作品を多く制作した。

小松均（こまつひとし、1902-1989）
山形に生まれる。大正9（1920）年に上京、川端画学校に学ぶ。国画創作協会展に入選したことを契機に土田麦僊の知遇を得、大正14（1925）年京都に移り住む。麦僊塾に学び、国画創作協会展、のち帝展や院展で活躍する。昭和31（1956）年には大原に移り住み、大原の自然風景などを題材に制作を行った。

近藤悠三（こんどうゆうぞう、1902-1985）
京都清水に生まれる。大正3（1914）年安井小学校卒業。卒業後は京都市立陶磁器試験場付属伝習所轆轤科に入所。のち、試験場を辞め、富本憲吉に師事する。関西美術院などで洋画やデッサンを学ぶ一方で、染付技法などを研究する。昭和28（1953）年、京都市立美術大学陶磁器科助教授となり、のち教授となる。昭和40（1965）年同大学学長となる。

澤部清五郎（さわべせいごろう、1884-1964）
京都西陣に生まれる。明治24（1891）年嘉楽小学校に入学。卒業後、乾隆小校長であった宮谷文三郎の私塾に入学。同29（1896）年鈴木瑞彦に、のち守住勇魚に師事。また聖護院洋画研究所にて浅井忠の指導も受ける。のち関西美術院に所属した。明治43（1910）年に渡米、翌年にはフランスへ留学する。帰国後は広く洋画家、日本画家、図案家、装飾美術家としても活躍した。

鈴木松年（すずきしょうねん、1848-1918）
画家鈴木百年の子として京都に生まれる。絵を父に学ぶ。明治13（1880）年京都府画学校開校に際して出仕となる。翌14（1881）年画学校の三等教員となる。内国勧業博覧会、内国絵画共進会などで活躍。同19（1886）年明治宮殿皇后宮常御殿の杉戸絵制作を依頼される。同21（1888）年画学校を退職。同26（1893）年シカゴ万博に出品、入賞。同33（1900）年パリ万博に出品、銅牌を受賞する。大胆な構図と雄渾な筆遣いを特徴とし、力強い画風で知られる。

鈴木派（すずきは）
江戸後期から明治期にかけて活躍した、鈴木百年（1828-1891）を祖とする画家の流派。百年の門下からは、鈴木松年（1848-1918）や今尾景年（1845-1924）、久保田米僊（1852-1906）、畑仙齢（1865-1929）などが輩出された。百年は岸派や四条派、狩野派などの諸派を広く学び、独自の画風を確立したが、その弟子たちは百年の画風のみにとらわれず、それぞれが個性豊かな画風を確立した。

高田敬輔（たかだけいほ、1674-1755）
江戸中期の画家。近江日野に生まれ、京都に出て京狩野4代目の狩野永敬に学んだ。享保20（1735）年、62歳のとき、仁和寺から法橋の位に叙せられた。さらに69歳で画家として最も高い法眼の位を得たとされる。こうした経緯から、敬輔は仁和寺の仕事を受けていたと考えられる。皇室の御用絵師として江戸中期の京都画壇を代表する画家であった。

竹内栖鳳（たけうちせいほう、1864-1942）
京都、御池油小路の料亭の長男として生まれる（城巽学区）。初め四条派画家土田英林に学ぶ。明治14（1881）年幸野楳嶺門に入塾。同22（1889）年京都府画学校出仕となる。また、高島屋意匠部に勤務。同28（1895）年京都市美術学校教

諭、同42（1909）年京都市立絵画専門学校教諭。明治33（1900）年に渡欧したことを契機に、西洋画の題材や描法を作風に取り入れる。第１回文展から審査員を務め、以後官展における重鎮として活躍する。京都画壇の中心として、土田麦僊、上村松園などの後進の指導に当たった。

谷口香嶠（たにぐちこうきょう、1864-1915）
和泉国日根野村（現・泉佐野市）で生まれる。幸野楳嶺に師事。明治17(1884)年京都府画学校に入学。内国勧業博覧会、パリ万国博覧会、文展などで受賞。同26（1893）年京都市美術学校教諭となり、同42（1905）年には京都市立絵画専門学校教諭を兼任。有職故実に詳しく、歴史画を得意とした。

千種掃雲（ちぐさそううん、1873-1944）
京都に生まれる。明治28（1895）年竹内栖鳳門下となる。内国絵画共進会などで活躍。同36（1903）年には聖護院洋画研究所に入り、浅井忠の指導を受ける。同41（1908）年京都府立第二高等女学校（現・朱雀高校）の美術教師となる。あたたかな画風で日本画の新たな表現に挑戦した。

都路華香（つじかこう、1870-1931）
京都に生まれる。明治13（1880）年幸野楳嶺に入門。内国絵画共進会、新古美術展、文展などで活躍する。大正５(1916)年の第10回文展で特選を受賞。明治43(1910）年京都市立絵画専門学校嘱託講師となり、翌年講師となる。のち京都市立美術工芸学校教諭及び京都市立絵画専門学校教諭となり、大正15（1926）年からは両校の校長を務めた。

堂本印象（どうもといんしょう、1891-1975）
京都に生まれる。明治35（1902）年中立小学校卒業。同39（1906）年京都市立第一高等小学校卒業。同43（1910）年に京都市立美術工芸学校卒業後、図案の仕事に就く。のち日本画を志し、大正７（1918）年京都市立絵画専門学校に入学。帝展で特選となるなど活躍。画塾東丘社を主宰し、また京都市立絵画専門学校教授として後進の育成に努めた。昭和19（1944）年帝室技芸員、同36（1961）年文化勲章受章。

富岡鉄斎（とみおかてっさい、1836-1924）
京都三条衣棚の法衣商の家に生まれる。幼いころより国学や漢学を修める。幕末から明治にかけて学者、神官として活動するかたわら、書や文人画もよくする。明治10年代には各地の神社で宮司を務めるなど神社復興に尽力した。明治21（1888）年に車折神社の宮司となる。京都に居を構えた明治10年代後半から、多くの京都画家と交わり、その人徳と博学ぶりで画壇の中心となった。大正６（1917）年に帝室技芸員となる。

中島有章（なかじまゆうしょう、1837-1905）
円山派の画家中島来章の子として京都に生まれる。安政２（1855）年内裏造営に参加。明治13（1880）年、京都府画学校開校に際し東宗出仕となる。同17（1884）年、第２回内国絵画共進会に出品し賞状を受ける。有職故実にもとづく行事などを描くことを得意とした。

中村大三郎（なかむらだいざぶろう、1898-1947）
京都下立売小川に生まれる。明倫小学校を卒業。大正５（1916）年に京都市立美術工芸学校を卒業、のち京都市立絵画専門学校卒業。同９（1920）年第２回帝展、および翌々年の第４回帝展において特選を受賞。同13（1924）年に京都市立美術工芸学校教諭、昭和11（1936）年には京都市立絵画専門学校教授となる。気

品のある女性像をよく描き、中には当世風俗に取材したものもあるなど美人画の新たな表現に挑戦した。

西村五雲（にしむらごうん、1877-1938）

京都府下京第二区六角油小路に生まれる。明治23（1890）年岸竹堂に師事する。竹堂の死後は竹内栖鳳に師事した。同40（1907）年第1回文展にて三等賞を受賞。大正２（1913）年京都市立美術工芸学校教諭となる。同13（1924）年京都市立絵画専門学校教授となる。大正14（1925）年以降数多く帝展の審査員を務めた。昭和８（1933）年帝国美術院会員となる。五雲の画塾晨鳥社からは、山口華楊などを輩出した。動物を描くことを得意とし、自宅の庭に動物園などから買い取った動物を多く飼い、写生を日課としていた。明るく多彩で、すっきりとした近代的な動物画を作り上げた。

橋本関雪（はしもとかんせつ、1883-1945）

神戸に生まれる。初め片岡公曠に師事。明治36（1903）年、京都の竹内栖鳳に入門する。中国に何度も遊学し、漢学の素養を育む。大正５（1916）年第10回文展で特選を受賞、翌年の第11回展においても連続で特選受賞となった。昭和９（1934）年、帝室技芸員となる。漢学への深い造詣などをもとに、新南画と呼ばれる独自のスタイルを確立した。

原在寛（はらざいかん、1884-1957）

代々、宮中御用絵師を務めた原派の５代目。京都市立美術工芸学校を卒業。父である在泉とともに、仁和寺の障壁画制作に携わった。

福田平八郎（ふくだへいはちろう、1892-1974）

大分県大分郡大分町に生まれる。明治44年京都市立美術工芸学校入学。卒業後、大正４年に京都市立絵画専門学校に入学。７年下鴨松ノ木町に下宿（下鴨学区）。10年の第３回帝展で特選となる。大正13年京都市立絵画専門学校助教授となる。昭和５年中村岳陵、山口蓬春らと六潮会を結成、美術研究を行う。11年京都市立絵画専門学校教授となる。22年帝国芸術院会員となる。36年に文化勲章を受章。文化功労者となる。

徹底した写実と、そこから抽出した物の本質を表す形を使って独自の装飾的世界を築いた。

堀井香坡（ほりいこうは、1897-1990）

京都市に生まれる。大正４（1915）年京都市立美術工芸学校を卒業、のち京都市立絵画専門学校に進学。菊池契月に師事する。昭和３年の第９回帝展、翌年第10回帝展で連続して特選を受賞するなど官展で活躍する。繊細な線を用いた女性像でよく知られた。

望月玉泉（もちづきぎょくせん、1834-1913）

望月派三代目望月玉川の次男として京都に生まれる。嘉永５（1852）年家督を相続する。安政２（1855）年、内裏造営に際して東対屋に障壁画を制作。慶応３（1867）年天皇即位に際し作品制作。明治11（1878）年、幸野楳嶺、久保田米僊らと連名で京都府知事槇村正直に京都府画学校設立を建議する。同13（1880）年京都府画学校開校に際して東宗副教員となる。同15（1882）年第１回内国絵画共進会において絵事功労賞を受ける。同17（1884）年第２回内国絵画共進会に出品、銅印を受賞。同22（1889）年パリ万博に出品し、銅賞を受ける。同年京都府画学校を退職。同23年第３回内国勧業博覧会で三等を受賞。同26（1893）年シカゴ万博に出品。同28（1895）年第４回内国勧業博覧会に出品、二等を受賞。同33（1900）年パリ万博に出品、褒状を受ける。同37（1904）年帝室技芸員に任命される。京

都盲唖院、京都府の女学校などでも教員を務めた。

森川曽文（もりかわそぶん、1847-1902）
京都生まれ。22歳ごろまで松原大丸で丁稚奉公として働く。四条派の前川五嶺、のち長谷川玉峰に師事。明治13年に京都府画学校出仕となり、のち京都府画学校教員、京都市美術学校、京都市美術工芸学校嘱託教授を務める。内国勧業博覧会、内国絵画共進会などで活躍。明治26（1893）年のシカゴ万博や同33（1900）年のパリ万博などにも出品した。明治26（1893）年に著した尋常・高等小学校用教科書「小学日本画初歩」は京都市内の多くの小学校で使用された。

安井曾太郎（やすいそうたろう、1888-1955）
京都市中京区六角富小路の木綿問屋の家に生まれる。明治31（1898）年、生祥尋常小学校を卒業、京都市立商業学校に入学。のち洋画家を志し同校を退学。明治37（1904）年聖護院洋画研究所に入所し、浅井忠、鹿子木孟郎に指導を受ける。明治40（1907）年渡欧。アカデミー・ジュリアンに学ぶなどし、大正３（1914）年まで留学を行う。帰国後、主に二科展などで活躍。昭和10（1935）年帝国美術院会員となり、二科会会員を辞す。昭和19（1944）年帝室技芸員を拝命。同年東京美術学校教授となる。昭和27（1952）年文化勲章受章。

山口華楊（やまぐちかよう、1899-1984）
京都市下京区（現・中京区）油小路錦上るに、友禅染職人の子として生まれる。生後すぐに一家は東堀川四条に転居。明治45（1912）年、格致尋常小学校を卒業。西村五雲に師事する。大正５（1916）年京都市立絵画専門学校別科に入学、のち同校研究科に進学。竹内栖鳳の画塾竹杖会に参加。昭和２（1927）年の第８回帝展で特選、翌年の第９回帝展でも特選を受賞するなど、官展で活躍。大正15（1926）年、京都市立絵画専門学校教員となり、のち同校教授を務めた。昭和56（1981）年文化勲章を受章。
花鳥画を得意とし、動物の生命をテーマにした作品を多く描いた。

山元春挙（やまもとしゅんきょ、1871-1933）
大津膳所に生まれる。初め四条派の野村文挙に師事し、のち円山派の森寛斎に学ぶ。内国絵画共進会や官展などで活躍。明治32（1899）年京都市立美術工芸学校教諭となり、のち京都市立絵画専門学校の教諭も務めた。昭和６（1931）年帝室技芸員を拝命。同８（1933）年帝国美術院会員となる。私塾の同攻会（のち早苗会）を主宰し、後進の育成にも励んだ。

横山清暉（よこやませいき、1973-1864）
江戸時代に活躍した。はじめ四条派の呉春に師事し、のちに松村景文に師事した。青蓮院宮尊超法親王のお抱え絵師であった。幕末には塩川文麟、中島来章、岸連山らとともに平安四大家の１人に挙げられる。六角室町東、新町四条北などに住んでいた。

横山大観（よこやまたいかん、1868-1958）
水戸に生まれる。学生の一時期、洋画家の渡辺文三郎に鉛筆画を習う。明治22（1889）年、東京美術学校の第１期生として入学、岡倉天心の思想を、橋本雅邦に日本画を学ぶ。卒業後、同28（1895）年、京都市立美術工芸学校予備科の教員となり、１年間ほど京都に滞在。同29（1896）年には東京美術学校図案科助教授に就任するが、２年後に辞職。岡倉天心の日本美術院設立に参加、以後主に日本美術院を拠点に活動。

第一部学校史【事項索引】

あ 行

か 行

さ 行

た行

な行

は行

ま行

ら行

わ行

第二部美術史【事項索引】

か行

さ行

は行

ま行

第一部学校史【人名索引】

あ 行

か 行

さ 行

た 行

な 行

は 行

ま 行

ら 行

わ 行

第二部美術史【人名索引】

ゴシック体表記の人名は画家略歴に掲載しています